Pronúncia em inglês

Pronuncie Perfeitamente em 4 Meses
Divertido & Fácil

Fluent English Publishing

Xiao, Ken

     Pronúncia em inglês: Pronuncie Perfeitamente em 4 Meses – Divertido & Fácil

Copyright © 2018 by Ken Xiao

ISBN-13: 978-1-949916-00-3
ISBN-10: 1-949916-00-6

***** Áudio Disponível *****
www.fluentenglishpublishing.com/br

Escute várias vezes. Absorva a energia toda vez!

Em uma aldeia agrícola pobre, nasceu um menino. Durante sua infância, ele passou fome. Tanta fome, que mesmo depois de 30 anos, ele ainda se lembra de tudo em detalhes vívidos. Não havia água corrente, então ele tinha que buscar água em um poço a meio quilômetro de distância e carregá-la em dois baldes até sua casa. Ele tinha sete anos de idade. Os baldes de água eram tão pesados que ele sentia como se fossem duas montanhas em cima dele. Aos 7 anos, ele começou a trabalhar no campo, plantando, cultivando e colhendo. Nessa época, também começou a pegar lenha e a cozinhar para a família inteira em uma fogueira. Não havia fogão elétrico e era sorte ter eletricidade uma vez por semana. Ele iniciou o ensino fundamental I aos oito anos de idade e abandonou a escola no ensino fundamental II aos 13.

Aos 17 anos, ele imigrou para os Estados Unidos sem falar inglês. Ele começou a aprender inglês nas aulas ESL, e três anos depois falava um inglês ruim. Então, procurou pela chave para a fluência e encontrou o segredo. Ele seguiu o segredo por seis meses e começou a falar inglês como um nativo.

Ele terminou o ensino médio, se formou na Universidade e fez Mestrado.

Aqui vai a melhor parte: Este garoto do campo, este desistente da escola, que em seis meses começou a falar inglês como um nativo, não tem talentos especiais! Ele é apenas um garoto normal que eu e você encontraríamos no interior. Apenas um homem normal que encontraríamos nas ruas. Tudo o que ele fez foi seguir o segredo, um segredo que agora está neste livro.

Este garoto que abandonou a escola está falando com você.

Este garoto que abandonou a escola sou eu.

Ao teu sucesso,

Ken Xiao

Sobre o Autor

Ken Xiao

Ken é um professor de inglês que já passou pela mesma situação que você. Ele não falava nada de inglês quando se mudou para os Estados Unidos aos 17 anos de idade. Depois de três anos, após passar de não falar nada para falar mal o inglês, Ken procurou pela chave para a fluência e descobriu o segredo do sucesso. Usando o segredo, Ken rapidamente aprendeu a falar inglês como um nativo em apenas seis meses.

Ken tem um diploma de Bacharel em Tecnologia da Informação e Mestrado em Estudos Espaciais. Ele forneceu serviços de intérprete para o Departamento de Defesa dos Estados Unidos. Ele é o criador do Minha Fórmula do Inglês Fluente, o qual usou para ajudá-lo a falar inglês e dois outros idiomas como um nativo. O segredo está neste livro.

Ken é atualmente professor de inglês, diretor de escola e autor.

Índice

Capítulo 1: Leve o Caranguejo para a Praia

Você quer aprender a pronunciar o inglês, mas existem tantos livros. Você não sabe qual é o livro certo para você, nem qual livro pode fornecer os resultados que deseja.

Agora, veja isto:

Meu nome é Ken Xiao. Eu não falava nada de inglês quando me mudei para os Estados Unidos aos 17 anos de idade, mas veja meu inglês agora! O áudio desta livro é a minha voz!

Neste livro, você aprenderá a pronunciar inglês com um professor de inglês bem sucedido, eu, que já passou pelo o que você está passando agora. Você aprenderá a pronunciar inglês perfeitamente em quatro meses, com uma precisão de 100%, como eu!

Analise os seguintes pares de palavras. Elas têm o mesmo som ou soam diferente?
- Sheep, ship
- cop, cup
- food, foot

Sim, elas soam diferente. E os seguintes pares?
- cap, cab
- life, live
- latter, ladder

Sim, também soam diferente. Veja as seguintes frases. Você consegue pronunciá-las corretamente?
- Walk up a hill in high heels to see how you'll feel.
- Friend A, "A friend in need is a friend indeed."

- Friend B, "Agreed! Give me your money."

E estas frases. Você consegue pronunciá-las corretamente?
- Wipe a viper with a wiper is wise only if you're truly prepared to die.
- Wear your best vest facing west then give your kid this kit.
- Excuse me. what's your excuse to take back your bag?

Se você acha que as pronunciou corretamente, parabéns, você errou.

Já passei por isso, e sei que você errou.

Muitas palavras em inglês têm um som muito similar, tão similar que achamos que é o mesmo. Pronunciar as palavras certas de forma errada pode fornecer um significado diferente. Até mesmo uma pronúncia ligeiramente incorreta pode prejudicar tudo.

Vamos tentar falar esta frase:

Take the crab to the beach.

Isso é o que pretendíamos dizer, mas você disse errado. Você pronunciou incorretamente duas palavras, envergonhou-se e estragou tudo.

Você sabe o que pronunciou errado?

Vamos treinar nossos ouvidos para escutar as leves diferenças entre sons similares, e treinar nossa boca para pronunciar as leves diferenças entre sons similares.

Para iniciantes, vamos aprender como pronunciar inglês perfeitamente do início.

Para alunos intermediários, vamos corrigir nossa pronúncia e, então, aperfeiçoá-la.

Para alunos avançados, vamos descobrir o que estamos errando e, então, fazer do jeito certo.

Para todos os alunos, vamos fazer isso mesmo se tivermos pouco tempo disponível.

Neste livro, você vai:
1. Aprender a pronúncia do inglês.
2. Aperfeiçoar sua pronúncia do inglês.
3. Fazê-lo facilmente.
4. Divertir-se.

Aprender a pronúncia do inglês de forma eficaz! Siga meus passos neste livro para aprender a pronúncia do inglês e pronunciar perfeitamente com 100% de precisão! Vamos alcançar isso em quatro meses e nos divertir.

Capítulo 2: Pronuncie Perfeitamente, Divertido & Fácil!

Neste livro, usaremos um método fácil para aprender a pronúncia e, então, aperfeiçoar nossa pronúncia. Apenas siga as instruções neste capítulo para praticar a pronúncia capítulo por capítulo.

No livro, veremos instruções sobre a posição dos lábios e língua. Estas são apenas para referência. Nossos lábios e língua se posicionarão automaticamente assim que dominarmos nossa pronúncia.

Aqui vai uma dica que funciona muito bem para aperfeiçoar nossa pronúncia de qualquer palavra – **pronuncie-a de trás para frente.**

Vamos usar a palavra *extraordinary* como exemplo. Se não conseguimos pronunciá-la corretamente, fale a palavra da seguinte forma:

- Ry
- Nary
- Dinary
- Ordinary
- Raordinary
- Traordinary
- Extraordinary

Isto é extremamente útil para pronunciar palavras difíceis. Além disso, vamos analisar as seguintes duas palavras.

Chain, Train

Estas duas palavras têm um som similar ou o mesmo som para muitos de nós. Todavia, podemos claramente notar as diferenças e facilmente pronunciar as diferenças. Aprenderemos isto em detalhes nos capítulos posteriores.

Como aperfeiçoamos nossa pronúncia?

Praticando!

Você dirige? Pega o ônibus? O trem? Caminha? Faz exercícios? Cozinha? Espera na fila por alguma coisa? Você tem algum momento em que seu corpo está ocupado, mas sua mente está livre?

Qualquer um desses momentos é um ótimo momento para aperfeiçoar nossa pronúncia do inglês! Foi assim que consegui falar como um nativo!

Mesmo se for apenas 60 segundo, coloque seu fone de ouvido e pratique.

Agora, siga estes passos para obter nossos resultados notáveis garantidos!

Passo 1: Escute e Repita ao Mesmo Tempo
Escute o áudio de um capítulo e repita imediatamente o que escutou. Não espere até o final. Repita imediatamente. Tudo bem se você deixar passar alguma coisa algumas vezes. Apenas continue sem parar.

Passo 2: Repita o Capítulo Inteiro
Escute e repita o capítulo do início ao fim.

Passo 3: Grave a Sua Voz
Grave a sua voz repetindo o capítulo. Isto é importante. *Não* pule esse passo.

Use um gravador, tal como seu computador, celular ou um gravador MP3. Coloque heaphones e grave a sua voz repetindo o capítulo do início ao fim.

Salve o arquivo e prossiga para o Passo 4.

Passo 4: Repita o Capítulo Mais Uma Vez
Escute e repita o capítulo novamente do início ao fim.

Passo 5: Imediatamente Volte e Repita as Palavras que Não Consegue Pronunciar, Quantas Vezes Forem Necessárias
Repita o capítulo novamente. Desta vez, se houver palavras que você não consegue pronunciar corretamente, imediatamente pare e volte para elas. Escute novamente e repita. Tente uma vez, duas vezes, três vezes, ou mais. Tente quantas vezes forem necessárias, até que você consiga pronunciar todas as palavras corretamente.

Passo 6: Repita o Capítulo Até Ficar Fluente
Agora que você concluiu o passo cinco, e consegue falar todas as palavras corretamente, repita o capítulo inteiro do início ao fim. Repita quantas vezes forem necessárias, até que você consiga falar todas as frases naturalmente e fluentemente.

Passo 7: Grave a Sua Voz
Agora que você concluiu o passo 6 e consegue pronunciar todas as palavras corretamente, e falar todas as frases naturalmente e fluentemente, grave a sua voz novamente. Grave sua voz repetindo o mesmo capítulo. Salve seu arquivo.

Encontre a primeira gravação e escute. Em seguida, escute a segunda gravação.

Você falou melhor na segunda gravação do que na primeira?

>Sim? Prossiga para o Passo 8.
>Não? Prossiga para o Passo 8.

Passo 8: Prossiga Para o Próximo Capítulo

Escute o áudio do próximo capítulo e faça os passos 1-7.

Após terminar todos os capítulos, volte para o primeiro capítulo e comece tudo de novo até você falar essa lição como um nativo. Depois disso, grave a lição em seu subconsciente praticando um pouco mais.

Siga com o livro algumas vezes, mas depois que estiver familiarizado com o texto, guarde o livro. Concentre-se apenas no áudio!

Capítulo 3: Vogais

Existem cinco vogais na língua inglesa. Elas são a, e, i, o, u. Estas vogais podem ser combinadas com outras vogais para formar mais sons de vogais.

Para facilitar nosso processo de aprendizado, usaremos uma maneira simples de aprender os sons das vogais. Segue abaixo uma lista dos sons de vogais.

- E
- IH
- EH
- /æ/
- AH
- UH
- AW
- OH
- /ʊ/
- OO
- A
- I
- OW
- OY

Existem dois tipos de vogais – vogal longa e vogal curta.

As vogais longas são
A, E, I, OY, OO, OH, OW

As vogais curtas são
IH, EH, /æ/, AH, UH, AW, /ʊ/

Vamos falar em detalhes sobre cada uma delas nos capítulos seguintes.

Capítulo 4: O som E.

Vamos nos familiarizar com o som E. Tente estas palavras:

bee, deed, eat, feed, geese, he, jeans, keen, leap, meet, sneaker, tea, veal, wheel, yeast, zero.

E é uma vogal longa. Certifique-se de manter o som longo.

Quando o som de E é seguido por um som de interrupção como /D/, /T/, /P/, /M/ e assim por diante, certifique-se de manter o som da vogal E longo antes de adicionar o som de interrupção.

Vamos analisar a palavra "deed." Aqui está como pronunciá-la:
1. Fale o som longo da vogal E.
2. Adicione o som final /D/. Agora o som se torna EED.
3. Adicione o som inicial /D/. Agora o som se torna DEED.

Para a palavra "seem," faça o mesmo:
1. Fale o som longo da vogal E.
2. Adicione o som final /M/.
3. Adicione o som inicial /S/. SEEM.

A mesma coisa para a palavra "backseat." Fale o E longo, depois EAT, depois SEAT, depois "backseat."

Para pronunciar o som E, sorria. Eleve sua língua e deixe-a ficar tensa. Pronuncie o som à medida que deixa o ar sair. E. E. E.

O som da vogal E pode ser formado a partir das seguintes combinações. Eu intencionalmente adicionei uma lista longa para praticarmos. Aqui vamos nós.

1. ee → agree, attendee, bee, beep, beetle, bleed, breed, career, cheek, cheer, cheese, cheetah, creek, creepy, deep, eighteen, exceed, esteem, feed, feel, fleet, free, freeze, foresee, freeway, Greece, green, greet, guarantee, heel, indeed, Jeep, keel, keen, keep, knee, levee, meet, need, needle, payee, peek, peel, peer, perigee, pioneer, queen, redeem, screen, seaweed, see, seed, sheep, sleepy, speech, speed, squeeze, sheer, steep, steer, succeed, sweep, sweet, teen, teenager, tree, trustee, tweet, weed, week, wheel

2. ea → backseat, beach, beam, bean, beast, beat, beaver, beneath, bleach, breathe, clean, clear, creak, cream, creature, defeat, disappear, dream, each, eagle, ear, east, easy, eat, fear, feast, gear, gleam, glean, hear, heat, heave, ideal, increase, leach, lead, leader, leaf, leave, least, meal, mean, near, neat, peace, peach, peak, peanut, pear, reach, read, real, reap, tea, teach, team, weave

3. ie e ei → achieve, believe, brief, brownie, ceiling, chief, cookie, either, ether, field, fierce, freebie, leisure, niece, piece, perceive, receipt, receive, shield, retrieve, seize

4. final e → be, he, me, she, we

5. final y → ability, actually, astronomy, automatically, baby, Billy, biology, chilly, city, copy, economy, family, frankly, funny, geography, grammatically, handy, Henry, huckleberry, January, Jenny, jewelry, kitty, lady, lucky, many, nanny, opportunity, puppy, silly, solemnly, solely, sunny, totally

6. final ey → alley, Bailey, barley, chimney, donkey, gooey, honey, joey, journey, key, money, monkey,

parsley, pulley, smiley, Smokey, turkey, valley, volley
7. final ique → antique, boutique, critique, oblique, technique, unique
8. e + consoante + e → Chinese, Japanese, Pete, Portuguese, Sudanese, these, Vietnamese

Agora, vamos praticar o som da vogal E em frases.

1. Friend A, "A friend in need is a friend indeed."
2. Friend B, "Agreed! Give me your money."
3. Come with me. You'll be surprised what we'll see although your safety is not guaranteed.
4. Attendees are free to bring creepy crawlies, beetles, and bees. Feel free to watch them feast or become their feed.
5. Walk up to this peak of eighteen feet in high heels to see how you'll feel.
6. Feed a mouse cheese, and the mouse will be happy.
7. Feed a cheetah cheese, and the cheetah will make you bleed.
8. Give a monkey a peach, and the monkey will be crazy.
9. Give a monkey a speech, and the monkey will be sleepy.
10. My donkey loves barley.
11. My honey loves money.
12. Take a seat on the beach and feed the seals beans.
13. Take the heat to succeed and scream out our dreams
14. Beasts feast at ease.
15. Peace reaches east.
16. Free breeze greets our cheeks. Feel the heat. Keep on going until you succeed.
17. Say "Cheese!" Take a picture in the deep creek.
18. Both teams agree to meet at three thirty.
19. In this city, green tea is easy to see.
20. January is my favorite month to study astronomy.
21. Every month is my honey's favorite month to buy jewelry.
22. When Emily feels chilly, she goes back to her family.
23. When Henry meets opportunities, he heaves fiercely.

Capítulo 5: O Som Ligeiramente Diferente IH

Vamos sentir o som.

Acid, bit, dig, fill, fit, hill, Jill, kid, lip, pig, Rick, win

IH é uma vogal curta. Lembra-se da vogal E que precisamos manter o som longo? O som IH é o oposto. É curto.

Vamos analisar a palavra "acid." Aqui está como pronunciá-la:
1. Fale o som curto da vogal IH.
2. Adicione o som final /D/. Agora o som se torna IHD.
3. Adicione o "c", que é o som /S/, e agora o som se torna "CIHD."
4. Finalmente, adicione o som inicial /æ/. /æ/CIHD.

Faça o mesmo para a palavra "bid":
1. Fale o som curto da vogal IH.
2. Adicione o som final /D/. Agora o som se torna IHD.
3. Adicione o som inicial /B/, e agora seu som se torna "BIHD."

Para pronunciar IH, relaxe seus lábios, abra-os ligeiramente, e relaxe sua língua. Deixe o ar sair. IH, IH, IH. Lembra-se de como falar *IH*? Fale sem o T final. IH, IH, IH.

Esta vogal pode ser formada pelas seguintes combinações. Novamente, enumerei uma lista longa de palavras. Vamos praticá-las.

1. i → acid, bid, big, bin, bring, brink, bit, chicken, chilly, chip, Cindy, disk, dictionary, did, different, dig, dim, dinner, dip, exit, fiction, finger, figure, fix, gift, hiccup, hidden, Hilary, hill, him, hint, hippo, his, hitch, immune, international, interesting, investment, itself, Jill, kick, kid, Kimberly, kin, kit, lid, lily, list, listen, lizard, mixture, music, outfit, picture, pig, pin, pit, rich, rip, risk, silk, silly, single, sip, swing, ticket, Tiffany, tilt, tip, unit, video, wing, which, wizard
2. ui → biscuit, build, circuit, guilt
3. y entre consoantes → cylinder, encryption, decryption, gym, gymnastics, gypsy, hymn, Lynch, Lynn, mystic, mystery, myth, mythology, rhythm, syllable, symbol

Agora, vamos praticá-las em frases.

1. Bring a big bin of acid. Drink none of it because it's toxic.
2. Put six bids on the acid but do not spit on the acid.
3. Chilly chips in the fifth bin. Silly gifts in the sixth bin.
4. Fix the circuit with this drill bit.
5. Eat an olive make sure to spit the pit.
6. A dictionary on a disk is handy. Digging fictions for vocabulary is history.
7. Hilary and Kimberly are taking different exits. Hilary is going to a hill. Kimberly is going to the Hills'.
8. Hidden hippos hiccup and kick. Glittering lizards hitch and lift.
9. Invest little, go to Chicago. Invest big, go international.
10. This outfit makes me look rich. Kiss risks to succeed.
11. Feed pigs biscuits, and pigs will like it. Let pigs listen to music, and pigs will fall asleep.
12. Rich witches sit by the fire pit.
13. Bill fills the mill he built with milk. Then he mills the milk and tilts the mill until mill spills.
14. I built my guilt in quivers when I decrypted the symbols encrypted by UFOs.
15. The circus is quickly filled with children.
16. Mitt quizzes the hymn in the gym.

Vamos comparar os dois sons. O som IH é similar ao som E, mas sua pronúncia é ligeiramente diferente.

Tente estas duas palavras:
seat
sit

Elas soam diferente ou igual? E estas duas:
feet
fit

E estas duas:
sheep
ship

Estes conjuntos de palavras têm um som muito similar, mas soam ligeiramente diferente. Vamos primeiro detectar as diferenças e, então, pronunciar as diferenças.

Para as palavras seat, feet, e sheep, o "ea" e "ee" têm o som E, e o som é longo. E. E. E

Para dizê-lo corretamente, nossos lábios devem estar rígidos, amplos e parecer como se estivéssemos sorrindo. O que os fotógrafos dizem em inglês quando estão tirando fotos? "Say cheese". Isso porque o "ee" na palavra "cheese" faz parecer que estamos sorrindo, e o som de "ee" é longo.

Para as palavras sit, fit, e ship, o som IH é curto. Nossos lábios devem estar relaxados e estreitos. Nossa língua também deve estar relaxada. Também deve estar tocando nossos dentes superiores. .

IH é uma vogal curta. É sempre finalizada por uma consoante, como em sit, fit e ship, é finalizada por /T/ e /P/.

Agora, vamos tentar.

bean, bin
beat, bit
dean, din
deed, did
deem, dim
deep, dip
ease, is
feast, fist
feel, fill
feet, fit
glean, glint
green, grin
he's, his
heal, hill
heat, hit
keen, kin
keep, kip
lead, lid
leak, lick
least, list
leave, live
mead, mid
meal, mill
mean, min
meet, Mitt
peak, pick
peel, pill
reach, rich
read, rid
sheep, ship

Vamos praticar E e IH junto.

1. Six ships ship six sheep when the sheep are asleep.

2. You're welcome to trim your feet to fit the shoes or to trim the shoes to fit your feet.

3. Mitt places the seat in front of the pit and sits with Mick.

4. Jim put the beans in the bin when the room was dim and deemed a joyful hymn.

5. Climb the hill in high heels to see how you'll feel.

6. Watching out for bees when you play Frisbee is tricky but easy.

7. Eat it or leave it.

8. Take a seat and sit down.

9. Fill the cup with hot water and feel the heat.

10. Which peak do you pick? The Reed Hill or the Rid Hill.

11. Fill the mill with milk then feed the eel a meal.

Capítulo 6: O Som Fácil EH

Vamos primeiro ter uma ideia do som EH:

bed, beckon, desk, egg, festival, get, hen, Jenny, Ken, lend, pet, vest, west

Para pronunciar EH, relaxe seus lábios e eleve-o da posição média para elevada e deixe o ar sair. EH. EH. EH.

Para pronunciar as palavras, pronuncie-as de trás para frente.

Bed → EH, EHD, BEHD.
Bread → EH, EHD, REHD, BREHD.

EH é uma vogal curta. É sempre finalizada por uma consoante.

O som EH pode ser formado a partir das seguintes combinações:

1. e → beckon, bed, best, celebrate, decorate, dedicate, definition, den, detect, effect, egg, excel, excellent, February, fence, festival, gemstone, generate, get, guest, hen, Henry, Jeff, Jenny, jet, left, leg, let, levy, meditate, memory, men, mess, met, Neptune, nest, next, peck, peddle, pen, pencil, pepper, pet, quest, replicate, rest, restaurant, segment, semester, sense, September, settle, success, technique, technology, Ted, temperature, ten, tennis, test, text, vest, Wednesday, welcome, Wendy, west, yesterday, yet
2. ea → ahead, bear, bread, dread, feather, heavy, instead, meadow, measure, read (past tense), spread, treadmill, weather
3. Estas exceções → again, against, any, many, said, says (quando a palavra "say" está na terceira pessoa do presente do indicativo, como "She says she wants to.)

Vamos praticá-las em frases.

1. Step on Neptune questing for effect. There is no ground there so leave like a jet.

2. Celebrate a festival with eggs and pets if you want them to make a mess.

3. Henry and Jenny meditate to retain memory.

4. Two woodpeckers met. They ate and left.

5. I still have my best vest left. I'll wear it to my success.

6. What's heavier? They hit the ground together.

7. To help you speak like a native, repeat the sentences again and again and then again and again.

8. How many times do I expect to try until my success?

9. Practice again and again all the way to the end when you pronounce like Ken and then do it again.

10. General Fred said he sent Henry west to select the best vest for success.

11. The first step is to set a goal on what you want next.

12. Then settle and write down what you want to get.

13. Finally, send our energy like a jet, measure how far they spread, eat some bread, and push through to our success.

Capítulo 7: O Som Mais Forte /æ/

Vamos escutar o som.

Add, bat, cat, dad, fathom, hat, jacket, ladder, matter, nap, path, rather, saddle, tackle, vast

Qual o som que uma cabra faz?

É esse o som. Nossas mandíbulas abaixam quando fazemos o som.

Vamos tentar pronunciar /æ/:
Back → /æ/, /æ/CK, B/æ/CK.

Para pronunciar /æ/, abra seus lábios, abaixe sua língua, abra bem a sua boca e abaixe sua mandíbula conforme deixa o ar sair. /æ/. /æ/. /æ/.

/æ/ também é uma vogal curta. É sempre finalizada por uma consoante.

O som /æ/ pode ser formado apenas pela letra a:
1. a → add, adequate, apple, back, cab, cafeteria, calendar, camp, candle, candy, cast, Cathy, dash, family, fantastic, fast, fathom, gadget, galaxy, gallon, gas, gather, had, half, hamster, hand, happen, has, hatch, have, jab, jam, Jasper, kangaroo, Kathrine, ladder, mad, man, map, mask, master, pack, pad, pan, pant, past, pat, plan, plateau, practice, prank, ram, ran, raspberry, rather, sack, sand, Saturday, tackle, tag, tan, tango, value, vast, wagon

Vamos praticá-las em frases.

1. Add an adequate amount of gas and activate the plant. Let's watch this technology advance.

2. Technology is going to be a handy gadget.

3. Attention, gang. Bring some candles, candy, pans, and pants. We are going to camp.

4. Standing in front of a mirror, I looked like a lamb.

5. The good thing was I still had an apple on my hand.

6. I laughed and ran because I had a goal and a plan.

7. I've tried and failed like a product without a brand.

8. At last, I cried like an ant, thinking this was my last chance.

9. A man handed me a book, it was Think and Grow Rich.

10. "I have an answer," said the man, "that failure is the mother of success, and the darkest moment is right before dawn. Persist and success will be in our hand."

11. I kept my goal, gather info from the book, and hatched a new plan.

12. Following the plan, my dream had advanced.

13. My goal was achieved, so I thanked the man and danced.

Agora, vamos comparar as diferenças entre o som EH sound e o som /æ/.

- bet, bat
- dense, dance
- fen, fan
- fest, fast
- guess, gas
- head, had
- Jen, Jan
- kept, capt
- lend, land
- men, man
- peddle, paddle
- rend, rand
- settle, saddle
- text, tax
- vest, vast
- west, wax

Se quisermos aprender a nadar, memorizar um monte de instruções não vai nos ajudar. A única maneira de aprender a nadar é entrando na água e nadando. Continue praticando.

- bread, brat
- beck, back
- bend, band
- dread, draft
- expensive, expansive
- leg, lag
- letter, latter
- medal, waddle
- mess, mass
- pen, pan
- send, sand
- spend span
- spread, sprat

- ten, tan
- tread, trad

Vamos praticar EH e /æ/ na mesma frase.

1. A homeless man standing ahead begging for money was carrying a tent.

2. I gave him a $100 bill, and he said nothing or bent.

3. "This book says no matter what shape you're in, you can still figure out a way to get your life back," said the man.

4. I recognized the book at a glance.

5. "You seem to be a successful man. Is there anything you can do to get my life back?" continued the man.

6. He was about to give up his life I sensed, "To get your life back? I'm sorry, I can't."

7. "This is the last thing I wanted to know before I leave. I'm better off just come back another time then."

8. "Sir, I'm not finished yet. There's nothing I can do to get your life back, but I know one man who can."

9. "Look here," I said as I pointed with my hand.

10. "This is the man who can help you with everything you want. Ask this man!"

11. As the homeless man looked to the front, he saw standing in front of him a homeless man with jacket dirty, hair messy, and skin tanned.

12. "This is the only man in the whole world who can help you to get your life back." I pointed at his reflection on the glass door and said in the present tense.

13. "This man has lost his soul. How can he help me?" The man was thoughtful for a moment and said with his head bent.

14. "He lost his soul because he lost his purpose for life. Give him a purpose to live for and he'll give you everything you ask for. Failure is the mother of success, and the darkest moment is right before dawn. Persist and success will be in your hand."

15. The man mused for a while, looked at the man in the glass from head to toe and from toe to head. He then turned to me and said, "Yes, sir. I'll give this man a purpose to live for." He then walked away like a product with a brand.

16. I met this homeless man again.

17. "I've gotten myself a purpose and a job for $10,000 a month!" He said proudly, "I just wanted to find you and tell you that I've found a bigger purpose for life and I, too, will one day be a successful man!"

Capítulo 8: O Som AH

Vamos escutá-lo:

alarm, car, doctor, economy, father, got, hard, hot, job, knob, lot, mother, toddler, robot

Para pronunciar AH, relaxe seus lábios, relaxe sua língua e coloque-a no assoalho de sua boca. AH.

Vamos tentar pronunciá-lo:
Swab → AH, AHB, WAHB, SWAHB.

O som AH pode ser formado a partir das seguintes combinações:
1. a → alarm, archeology, arm, barn, calm, car, cartoon, cauliflower, charcoal, charge, Chicago, dark, far, farcical, farmer, father, garage, garbage, garden, garlic, garment, garnish, ha, hard, hardcover, hark, harm, harmonica, harness, harvest, mark, Mars, palm, swab, swap, target, wad, wand, want, watch, watt
2. o → astonish, Bobby, bobcat, bobtail, body, bond, box, clock, cop, cod, coddle, comic, combination, comedy, comet, common, document, doll, goggle, got, hollow, honest, honor, hop, hotshot, job, Josh, knock, knot, lobster, locker, modern, mop, nonstop, not, option, opportunities, pollen, polish, pocket, possible, rock, rotten, robot, solid, solve, solvent, stop, stock, toddler, Tom, tonic, top, topic
3. e → encore, entree, envelope, sergeant
4. ow → acknowledge, knowledge

Agora, vamos falar sobre o som AH e o som AH + R.
ah, arh
ha, har
la, lar
ma, mar
spa, spar

Com o R, o som AH tem agora o som /R/ no final. Ah torna-se AHR.

Vamos praticar mais palavras com o som AHR:
alarm, apart, arc, arch, architecture, arm, art, barley, car, card, cardinal, cargo, carpet, cartoon, chart, dark, darling, depart, guard, hard, jar, large, mark, park, part, party, sarcasm, sardine, spar, spark, star, start, startle, tar, target

Vamos praticar o som AH em frases.

1. Archaeologists were alarmed when an archaic barn was excavated from a farm.
2. Stay calm in the barn. There is no harm.
3. Bring cauliflowers in the car along with our harmonica.
4. Learn from someone next to you, not from someone far.
5. If your father is successful, model your father.
6. Plant seeds in your garden and harvest like a farmer.
7. Harness your power and garnish your car.
8. Astonished, boggled, and startled, Bobby was shocked as he watched the clock.
9. Time has passed for him to play with Josh.
10. Bobby laughed, "Common combinations for comics and comedies are stories, characters, and garbage."
11. Josh is one hotshot. He's honest, and he likes his job.
12. Josh likes to jog. He likes to hop as he jogs.
13. Josh jogs nonstop. He jogs in the dark and hops for nocturnal bugs.
14. Josh has a modern mop. A mop that he uses to polish rocks.
15. He has an option to fold the mop and put it in his pocket like a robot.
16. Tom is a volunteer in his shop. He has many opportunities to get to the top.

Capítulo 9: O Som Similar UH

Tente os seguintes pares de palavras para ver se elas têm ou não o mesmo som.

cot, cut
fond, fund

Se você acha que estes pares são pronunciados da mesma forma, parabéns! Você concorda com a maioria dos alunos ESL.

O problema é que essas palavras são pronunciadas de forma diferente! Uma é AH. A outra é UH.

Vamos nos familiarizar com o som UH:

Ana, banana, but, cut, cousin, done, enough, fun, gut, hut, just, love, honey, monkey, rough, tough, young

Para pronunciar UH, relaxe seus lábios, relaxe sua língua e a coloque na posição média, abra ligeiramente a boca conforme deixa o ar sair. UH. UH. UH.

Para o som AH, nossa boca está muito aberta. Para o som UH, nossa boca está levemente aberta. Vamos comparar os sons.

AH, UH
AH, UH
AH, UH

Vamos tentar.
Cut → UH, UHT, CUHT.
Enough → UH, UHF, NUHF, ENUHF.

O som UH pode ser formado a partir das seguintes combinações:

1. a → Alabama, America, Ana, Asia, banana, Canada, China, Cuba, drama, fuchsia, Georgia, hyena, Jessica, Katrina, Lisa, mama, sonata, panda, umbrella, utopia, was, zebra
2. o → above, another, brother, color, cover, come, complete, computer, does, done, from, honey, love, Monday, money, monkey, mother, of, other, oven, shove, sophisticated, son, ton, tongue
3. u → buddy, buck, buckle, buffalo, bug, bus, buzz, cup, cut, drunk, fun, hub, huddle, hung, jungle, lump, mud, mug, numb, pump, rum, sum, yummy
4. ou → country, cousin, enough, rough, tough, young

Vamos praticar UH em frases.

1. Alabama, Alaska, Arizona and Georgia are four states in America.
2. Ana lives in America. She has a good friend named Barbara.
3. Ana came from China. Barbara came from Cuba.
4. Ana likes fuchsia. Barbara likes magenta.
5. Jessica and Virginia dream to live in Utopia.
6. Katrina and Alisa like to drive a Sonata.
7. Throw a banana at a zebra. The zebra will buzz.
8. Throw a banana at a monkey. The monkey will go bananas.
9. Throw a banana at a panda. The panda will throw you back the banana.
10. Above the book cover is another color.
11. Your brother completed building the computer.
12. It is done and your brother is gone.
13. My honey loves money.
14. The oven will come on Monday.
15. If your mother is successful, learn from your mother.
16. Buckle up, buddy! We need to watch out for bucks, bugs, and buffaloes.
17. If you hear a buzz on the bus, get ready for a bump.
18. Huddle around and watch a drama for fun.
19. Running into the jungle with no shoes is fun, only if you'll bring your cousin and your son.

Agora, vamos comparar a diferença entre AH e UH.
a bar, above
alarm, a lump
Arthur, other
barn, bun
body, buddy
boggle, buckle
box, bucks
bother, brother
bars, bus
carver, cover
calm, come
collar, color
cop, cup
cot, cut
darts, does
darn, done
hop, hub
fond, fund
mark, mug
mod, mud
palm, pump
shop, shove
stop, stuff

Capítulo 10: O Som AW

Vamos escutá-lo.

awesome, author, August, bought, caught, fought, law, sought, wrought

Para pronunciar AW, levemente enrijeça seus lábios, levemente enrijeça sua língua e a coloque perto do assoalho de sua boca, levemente arredonde seus lábios para um formato oval à medida que deixa o ar sair. AW. AW. AW.

Vamos tentar:
caught → AW, AWT, CAWT.
Frog → AW, AWG, RAWG, FRAWG.

O som AW pode ser formado a partir das seguintes combinações:
1. al → all, alter, altogether, always, ball, call, chalk, fall, gall, hall, install, mall, stalk, stall, tall, thrall, walk, wall
2. au → applaud, auction, audio, audit, Audrey, August, author, authorize, automatic, autograph, authentic, Aurora, authority, autumn, cause, faucet, haul, maul, Paul, pause, sauce
3. aught → aught, caught, daughter, naught
4. o → blog, boss, clog, dog, frog, hog, log, long, loss, lost, off, office, often, on
5. ought → bought, fought, ought, sought, thought, wrought
6. aw → awesome, brawn, claw, crawl, dawn, draw, fawn, flawless, jaw, jigsaw, hawk, law, lawn, lawyer, paw, prawn, raw, saw, slaw, straw, thaw

Vamos praticar AW em frases

1. Ms. Thrall called Ms. Hall in the mall for more chalks.

2. Rinse your mouth with saltwater.

3. My learning will continue like a waterfall. It will never halt.

4. To play racquetball, always hit the ball to the wall and that's all.

5. Audrey automatically authorized the author of *Autumn Aurora* her authentic autograph in her automobile without auditions from the authority.

6. Paul applauds for the audio because the actress is his daughter.

7. Ross lost the password of the blog of his boss.

8. The dog, the frog, and the hog clogged the drain with a log.

9. Awesome! He quickly draws a picture of a hawk, a macaw, and a prawn on his lawn at dawn.

Capítulo 11: o Som OH

Vamos escutar o som:
boat, coat, close, goat, low, gold, bowl, though, pole, oh, hold, wrote, own, window

Para pronunciar OH, enrijeça seus lábios, ligeiramente enrijeça sua língua e a coloque entre a posição média e alta conforme arredonda os lábios e deixa o ar sair. OH. OH. OH.

Vamos tentar
Woke → OH, OHK, WOHK.
Encroach → OH, OHCH, ROHCH, CROHCH, ENCROHCH.

O som OH é comumente formado a partir das seguintes combinações:
1. o → ago, also, code, cold, close, dole, fold, go, gold, hello, hold, home, hope, modem, mold, mole, node, note, oh, old, open, over, phone, pole, roll, so, sold, soldier, told, toll, troll, whole, zone
2. oa → afloat, approach, boat, cloak, coach, coal, coast, coat, cockroach, croak, encroach, float, foam, goal, goat, load, loaf, moan, oak, oath, raincoat, reproach, roach, road, soak, soap, roam, throat, toad, toast
3. ough → although, borough, dough, doughnut, furlough, thorough, though, trough
4. ow → arrow, barrow, below, blow, bow, bowl, burrow, crow, elbow, fellow, flow, glow, grow, hollow, know, low, bone marrow, narrow, mow, own, pillow, rainbow, row, shallow, show, shown, slow, snow, sparrow, stow, throw, tow, window, yellow

Vamos praticar OH em frases

1. This home was sold a whole year ago.

2. The note and the only gold were also sold.

3. People on the go picked up the phone to say hello.

4. To be so cold, wear no clothes, fold your arms, and roll your body in the snow.

5. To be successful, be bold. Focus on your goal and pay the toll.

6. With a goal, I have an approach.

7. Without a goal, I'm a rudderless boat afloat.

8. So, set a goal, take an oath, bring a raincoat, and get on the road.

9. Thank you, coach! You're welcome, my fellow.

10. Although there's a hole in a doughnut, you eat the doughnut, not the hole.

11. The moon is hollow, and its shell is shallow?

12. Hold your arrow to the burrow because UFOs come from below.

13. Lights glow often at your telescope.

14. Rice grows slowly toward yellow.

15. Sparrows will eat your rice, crows will stare at UFOs.

16. Bring a pillow, sit in a shadow by the window, lower your elbows, and enjoy a show.

Vamos comparar os sons AW e OH:

- all, old
- alter, older
- bald, bold
- bought, boat
- call, coal
- chalk, choke
- claws, close
- cloth, clothes
- craw, crow
- draw, drove
- fall, fold
- fought, fold
- gall, go
- hall, hole
- jaw, Joe
- law, low
- lawn, loan
- loss, Low's
- mall, mole
- Paul, poll
- paw, pole
- raw, row
- saw, sow
- slaw, slow
- sought, sold
- stall, stole
- tall, told
- thaw, though
- thought, though
- thrall, throw
- walk, woke

Quanto mais você pratica, melhor fica. Um pouco mais:

- applause, approach
- awe, oh

- called, cold
- cause, coach
- crawl, croak
- flawless, float-less
- pall, poll
- Shaw, show
- tossed, toast
- wall, wolf

Capítulo 12: O Som de Prestar Atenção /ʊ/

Vamos escutar o som:

book, bush, cook, could, foot, full, good, hood, look, pull, should, wood

Para pronunciar o som /ʊ/, arredonde seus lábios, relaxe sua língua e eleva a parte posterior dela. /ʊ/. /ʊ/. /ʊ/.

Tente pronunciá-lo:
Cook → /ʊ/, /ʊ/K, K/ʊ/K.
Understood → /ʊ/, /ʊ/D, T/ʊ/D, ST/ʊ/D, DERST/ʊ/D, UNDERST/ʊ/D.

/ʊ/ é uma vogal curta. É sempre finalizada por uma consoante.

O som /ʊ/ pode ser formado a partir das seguintes combinações:
1. oo → adulthood, afoot, audiobook, boogie, book, childhood, cook, cookbook, cookie, crook, foot, football, good, goody, hood, hook, look, rook, shook, snook, stood, stook, strook, took, understood, wood
2. ould → could, should, would
3. u → bull, bulletin, bush, full, fuller, pull, pullet, pulley, pullover, push, put

Vamos praticar /ʊ/ em frases.

1. Listen to an audiobook while we cook!
2. Find the ingredients of the cookies in a cookbook.
3. During their childhood life, read to your children good books.
4. Walk our journey on foot.
5. Football is meant to be played by foot.
6. Push the crooked hook to make it look good.
7. Look! There are goodies under the hood.
8. The rook shook the book and stood on a snook.
9. She understood the structure of woods.
10. He said he would if he could.
11. Should this bulletin be put next to the wood?
12. Mr. Fuller's bull, Fully, pushed the bush.

Vamos comparar os sons de /ʊ/ e OH:

- book, boat
- cook, coke
- crook, croak
- foot, fold
- good, gold
- hood, hold
- hook, hope
- look, load
- rook, roll
- stood, stowed
- stook, stoke
- could, cold
- should, showed
- **bull, bowl**
- bush, boast
- **full, fold**
- **pull, poll**
- **pullet, pole it**
- **pulley, Polly**
- push, post
- put, poled

Agora, pratique os seguintes pares novamente. Pratique-os com cuidado. Eles são diferentes!
- **Bull, bowl,**
- **full, fold**
- **pull, pole**
- **pullet, pole it**
- **pulley, Polly**

Capítulo 13: O Som Comum OO

Tente os seguintes pares de palavras para ver se elas têm o mesmo som ou um som diferente.

foot, food
look, Luke

Se você acha que estes pares são pronunciados da mesma forma, parabéns! Você concorda com a maioria dos alunos ESL.

A boa notícia é que elas são pronunciadas de forma diferente! Uma é /ʊ/. A outra é OO.

Vamos nos familiarizar com o som OO:

bloom, blue, chew, clue, choose, do, duty, food, goose, mood, move, moon, ruler, super, who, zoo

Vamos tentar pronunciá-lo:
Andrew → OO, ROO, DROO, ANDROO.
Food → OO, OOD, FOOD.

Para pronunciar OO, arredonde seus lábios. Nossos lábios são arredondados como um círculo. Relaxe sua língua e eleve a parte traseira dela à medida que deixa o ar sair. OO. OO. OO.

Qual o som que uma coruja faz? É esse o som. OO é uma vogal longa. Certifique-se de alongar o som.

O som OO é comumente formado a partir das seguintes combinações:
1. ew → Andrew, blew, brew, cashew, chew, crew, dew, flew, grew, jewelry, jewels, screw, stew, threw
2. o → approve, do, doable, loose, lose (I intentionally

put these two together. Listen for the difference and then speak the difference.), move, movable, movie, prove, redo, remove, removable, reprove, shoe, to, two, undo, who, whose

3. oo → afternoon, baboon, balloon, bamboo, bloom, boo, boot, booth, broom, carpool, choose, cocoon, cooed, cool, food, droop, gloomy, goof, Google, goose, groove, hoof, hoot, kangaroo, lagoon, loop, loose, lose, (Did you hear the difference earlier? The difference is the ending S and Z sounds. We'll get to them in details in a later chapter.), loot, maroon, mood, moon, moot, moose, noodle, noon, ooze, pool, proof, roof, room, school, scoop, scoot, shampoo, smooth, snooze, soon, spoon, sooth, spook, too, tool, tooth, zoo

4. u → Bruce, bruise, conclude, crude, cruise, dual, dune, duty, fluid, flute, fruit, include, juice, June, lube, plume, prudence, prudential, prune, recruit, revolution, rule, ruler, spruce, student, suit, super, through, tube, tune

5. ue → avenue, blue, clue, cruel, due, duel, flue, glue, pursue, statue, Sue, Tuesday

6. Palavras com o som U → amuse, argue, barbecue, beautiful, continue, cube, cue, cute, excuse, few, fuel, fuse, hue, huge, human, humidity, humor, issue, knew, menu, muse, music, mute, new, Newton, nuclear, pew, preview, pure, queue, renew, rescue, review, skew, tissue, U-turn, UFO, unit, unite, unicorn, unicycle, uniform, unique, universe, use, usually, Utah, utensil, venue, view

Vamos praticar OO em frases.

1. Andrew blew away the cashew he chewed.
2. The brew crew drew dew as they flew.
3. New jewels were approved as the jewelry store grew.
4. Newton knew why apples drooped.
5. His universal rule: loose objects moved downward as you threw.
6. Approved! Utah's carpool plan is cool! It's doable, movable, and usable, too.
7. If you lose your shoes, fetch them with a bamboo.
8. What color do you choose this afternoon, blue or maroon?
9. Where do you plan to go tomorrow, a hot air balloon, a lagoon, or the moon?
10. Today, tomorrow, tonight, love together, humanity unites.
11. Sue and Drue choose the gloomy booth to barbecue the food.
12. So true! They ate noodles in the pool.
13. Set the goose loose to let it fly to the roof of the igloo.
14. This zoo is a valuable tool for schools.
15. The peekaboo moon spooked the moose, too.
16. Stay tuned on Channel 2 if you want to hear the true sound of this muted flute.
17. Bruce's bruise suits his effort on what he's been through.
18. June is the time to take a cruise.
19. If you want to pass through, drink some juice. That's the rule.

Agora, vamos comparar /ʊ/ e OO.

/ʊ/ OO
/ʊ/ OO

book, boot
bush, booth
cook, cool
could, cooled
foot, food
full, fool
goods, goose
hood, hoot
look, Luke
pull, pool
pullet, prove it
pushed, boost
rook, rule
shook, shoe
should, shoot
snooks, snooze
stood, stewed
strook, strew
sugar, shooter
took, tool

Agora, faça os seguintes pares novamente. Pratique-os com cuidado. Eles são diferentes!

foot, food
full, fool
hood, hoot
look, Luke
pull, pool
should, shoot
stood, stewed

Capítulo 14: O Som Fácil A

Vamos escutar o som:

able, baby, cake, day, eighteen, faith, gave, hay, innate, jade, Kate, lemonade, make, okay, prepaid, quake, statement, take, way

Para pronunciar o som A, relaxe seus lábios, enrijeça sua língua e eleve-a. A. A. A.

Vamos tentar:
Cable → A, ABL, KABL.
Brain → A, AN, RAN, BRAN.

O som A pode ser formado a partir das seguintes combinações:
1. a →able, abrasive, administrator, aliens, alligator, angel, April, baby, cable, canine, capable, danger, delegation, David, fable, gable, hallucination, maple, nation, naval, recommendation, staple, table, vapor
2. a + consoante + e → abdicate, accumulate, ace, ache, adjacent, age, amaze, bakery, belated, blade, cadence, cape, change, chase, date, delegate, engage, exaggerate, exhale, fade, fate, gate, grade, handshake, haze, hazelnut, inhale, James, Jane, Kate, lake, make, mandate, methane, navy, pavement, quake, rate, relate, save, skate, take, wake
3. ai → acclaim, acquaintance, afraid, aid, aim, available, await, bail, brain, Cain, chain, claim, contain, daily, detail, domain, email, entertain, explain, faith, gain, hail, Jaiden, Kaiden, mailbox, maintain, mermaid, nail, obtain, pain, plain, praise, quail, raincoat, raise, retain, sail, snail, sprain, straight, tail, tailor, trail, train, trait, vain, wait, waive,
4. ay → array, away, Ayers, bay, cay, day, delay, Fayetteville, Gayle, Hayden, Jay, Kay, lay, May, payday, ray, say, way

5. ea → break, great, steak, unbreakable,
6. ei → eight, beige, freight, neighbor, reign, rein, sleigh, unveil, veil, vein, weight
7. ey → fey, Grey, hey, prey, survey, they

Vamos praticar A em frases.

1. Yesterday has gone away.

2. Tomorrow is not yet awake.

3. Face today with bravery, use every second you've saved, and build your English pronunciation today!

4. To be successful, I must face pain. I've failed so much that pain can no longer hurt my brain.

5. I get up straight away, even if my ankle was sprained.

6. I keep walking toward my target, despite the hail and the rain.

7. Dedicate and be brave. Your plan can change; your goal must remain.

8. With faith, even water can cut through rocks. Hey! Keep working, and your effort will be repaid.

9. Is it an alien or my hallucination? April and Angel, what are your recommendations?

10. David, the fable illustrator, is capable of illustrating maples on tables.

11. Amazing! Alligators are chasing prey in the naval base.

12. Delegate when your work accumulates. Save a day and go straight to the gate of aid.

13. Conduct a survey, aim at a place, engage and participate, make mistakes, exchange handshakes, go straight, and success awaits.

14. James, Jane, and Kate swam in the lake.

15. Exaggerate! Decorating her skates with chains.

16. Titan's air contains methane. The moon of Saturn is a domain waiting to be claimed.

17. Take the train to Spain to find James Cain. If he's not there, harvest a sugar cane.

18. Jaiden, Hayden, and Kaiden singing in cadence for entertainment.

19. Jay and Kay cooperate in a relay race to aim for first place.

20. Great! Let's take an eight-minute break, and perhaps we can lose some weight.

Capítulo 15: O Som I

Primeiro, vamos escutar o som:

bye, cycle, dime, eye, fly, guy, hi, ice, jive, kite, life, mind, nice, rice, sight, time, vine

Para pronunciar I, diga AH e, então, E junto. Nossa boca deve estar bem aberta no AH, fechando lentamente para o E. Nossa língua deve ficar plana na região inferior e, após, elevada. I. I. I.

Vamos tentar:
Bike → I, IK, BIK.
Frighten → TEN, RITEN, FRITEN.

O som I pode ser formado a partir das seguintes combinações:

1. i → bike, biker, bicycle, biology, bite, citation, cite, dial, dice, dike dime, dine, diner, dive, diver, file, fine, five, giant, hi, hide, hike, hive, ice, iceberg, jive, kind, kite, knife, lice, life, light, like, lime, line, lite, live, mice, Michael, microphone, mile, mind, mine, miner, Niagara, nice, Nike, Nile, pike, pile, pine, pioneer, pipe, price, pride, primary, prime, quite, rice, ride, rifle, rile, Riley, ripe, ripen, rise, side, silent, smile, site, survive, swipe, size, tide, tie, tiger, tile, time, tiny, title, via, viable, vice, vine, vital, wide, while, white, wife, WIFI, wipe, wiper, viper, write, wise, yikes
2. ie → apple-pie, applies, bow-tie, butterflies, cries, cried, dragonflies, dries, flies, fries, fried, lie, magnifies, magnified, magpie, pie, replies, replied, skies, spied, spies, tie, tried, tries, untied
3. igh →bright, delight, fight, fighter, flight, fright, frighten, height, high, knight, light, lighthouse, might, mighty, moonlight, night, plight, right, sight, slight, sunlight, thigh, tight, tonight, twilight
4. y → apply, butterfly, buy, by, bye, comply, cry, cycle,

dragonfly, dry, dye, eye, fly, fry, guy, hype, July, Kyle, Lyle, magnify, my, ply, plywood, Popeye, pry, recycle, reply, Ryan, rye, shy, sky, spy, style, type, typhoon, xylophone, why

Analise estas palavras:
Tide, Tight
Side, Cite
Hide, Height

Na sua opinião, elas têm o mesmo som? Se você acha que elas têm o mesmo som, parabéns! Você concorda com a maioria dos alunos ESL.

Elas são ligeiramente diferentes. Escute o tempo do som I. Vamos tentar novamente.
Tide, Tight
Side, Cite
Hide, Height

Em tide, side, e hide, nas palavras com vogais mais longas e interrompidas por D, o tempo do som I é um pouco mais longo. Escute-as novamente.
Tide, Tight
Side, Cite
Hide, Height

Em tide, side e hide, nas palavras com vogais interrompidas por D, o tempo do som é mais longo. O tempo do som I é mais longo porque estas três palavras terminam com o som /D/. /D/ é uma consoante sonora. Iremos aprender consoantes em detalhes nos próximos capítulos deste livro, mas agora vamos fazer uma breve análise das consoantes sonoras.

As consoantes sonoras são:
/B/, /D/, /G/, /J/, /L/, /M/, /N/, /NG/, /R/, /TH/, /V/, /W/, /Y/, /Z/, /ZH/

Quando uma palavra termina com uma dessas consoantes sonoras, precisamos manter o som da vogal imediatamente antes delas por um tempo um pouco mais prolongado.

Eu disse manter o som da vogal imediatamente antes dessas consoantes por um tempo um pouco mais longo? Sim, eu disse. Quando uma palavra termina com uma dessas consoantes sonoras, precisamos manter o som da vogal imediatamente antes delas por um tempo um pouco mais longo.

Vamos tentar mais uma vez esses três pares.
Tide, Tight
Side, Cite
Hide, Height

Seguem mais pares de palavras similares para tentarmos. O que faremos? Mantenha o som da vogal antes das consoantes sonoras por um tempo mais longo!
Five, Fife
Live, Life
Bride, Bright
Size, Sights
Ride, Write
Knives, Knife
Eyes, Ice (O S em *eyes* é pronunciado como /Z/, e /Z/ é uma consoante sonora, portanto o som de I é mais longo.)

Novamente, aprenderemos o comprimento de consoantes e vogais em detalhes nos próximos capítulos, mas no momento vamos praticar o som I em frases.

1. The biker on the bicycle is riding on the bike.
2. Cite your citations like taking your vacations for the biology class that you like.
3. Dial 9 then roll a dice to decide what side of the dike to dike.
4. Dine at Diner to have a bite and hire a driver with dimes.
5. Dive into the water when in a single file line then all divers will be fine.
6. Five giant bee hives are hiding behind the pine. All hikers are required to bring some ice.
7. An iceberg stopped the Titanic when some riders were dancing Jive.
8. This kind of kite looks like a knife.
9. Walk five miles if you don't mind to meet the miners in the mine.
10. Which one do you have in mind, Niagara Falls or the Nile River?
11. Pine cones pile up at Pioneer Market on Pike.
12. Take pride! The prime pipe is priced quite right.
13. Her rice has silently risen and ripen. What a sight!
14. Rice rises on site. Harvest from the right side on time. Imbibe to survive.
15. Swipe a tiger you'd better hide. Tigers are sized to fight worldwide.
16. It's viable to get a title via Tile Time. Just wear a white tie with a grapevine from a pine.
17. Wipe a viper with a wiper is wise only if you're truly prepared to die.
18. "Honey, if you want to get something tonight," said the wife, "it's vital we have WIFI all the time."
19. Butterflies, dragonflies, fruit flies, and magpies, fighting to enjoy the apple pie.
20. Magnify! Do you see the spy wearing a bow tie, lying supine, crossing the sky?

21. At midnight, under the moonlight, nine bright lights light up the sky.
22. Kyle and Lyle, Popeye and Ryan, applied to dive a mile in July.
23. Right! The tide has reached its height by the lighthouse at twilight.
24. "An eye for an eye makes the world blind."
25. I say let's forgive and survive.

Capítulo 16: O Som OW

Vamos nos familiarizar com o som OW:

around, bound, cloud, clown, found, house, how, sound, town, wow

Para pronunciar OW, diga AH com uma voz normal e OH com uma voz mais baixa. Nossa boca deve estar aberta em AH, fechando-se lentamente e arredondando-se em OH. OW. OW.

Vamos tentar:
Crouch → OW, OWCH, ROWCH, CROWCH.
Allow → OW, LOW, ALOW.

O som OW pode ser formado a partir das seguintes combinações:

1. ou → about, account, aloud, amount, announce, around, arouse, blouse, bounce, bound, boundary, cloud, couch, counselor, count, counter, countless, county, crouch, doubt, drought, en-route, flour, flounder, found, ground, grout, hound, hour, house, joust, loud, lounge, louse, lout, mound, mount, mountain, mouse, mouth, noun, ouch, ounce, our, oust, out, outcome, outdoors, outfit, output, pouch, pound, pout, proud, pronounce, round, rouse, route, scout, shout, snout, sound, soundless, soundtrack, south, spouse, spout, stout, stoutly, stoutness, surround, thousand, trout, tousle, vouch, voucher

2. ow → allow, allowance, anyhow, bow, Bowry, brow, brown, brownie, browse, browser, cauliflower, chow, chowder, clown, cow, cowboy, cowfish, crown, crowd, down, downhill, download, downstairs, downtown, dowry, drowsy, empower, endow, eyebrow, flower, fowl, frown, glower, gown, growl, how, howdy, however, howl, manpower, Mayflower, meow, now, owl, pow, power, Powell, powder, prowl, scowl,

shower, towel, tower, town, trowel, vowel, vow, wow

Vamos praticar o som OW em frases.

1. What's the amount in the account? Read aloud to announce to people around.
2. Arouse! Get up from the couch and bound for town.
3. Wow! The cloud is bouncing around.
4. How many people are heading to town? Can you count?
5. Of course, I can count! The cloud is bouncing around.
6. He mounted his horse to climb up the mountain.
7. After the drought, the mouse found a nesting ground.
8. If you have doubt, howl. You're a tiger if you're aroused from your couch.
9. Look out! There is a mouse!
10. Be proud! You're the man of the house!
11. Is it a noun or a pronoun? Who cares? Just pronounce the sound.
12. In this soundless mountain, there are thousands of trees around.
13. A scowled owl prowls the meadow.
14. Allowances will be allowed to spouse of the aroused.
15. Let's browse Mr. Brown's brownie shop with the crowd.
16. Don't frown. If empowered, even a cowboy can take the crown.
17. To download on this browser, go downhills to downtown.
18. Like the Mayflower, be the first and you're in power.
19. If you have power, you can shower in this tower.

Capítulo 17: O Som OY

Vamos tentar o som OY:

avoid, boy, choice, Doyle, enjoy, foil, hoist, joy, loyal, moisture, noise

Para pronunciar OY, diga AW e E junto. Isso é AW EEE. Nossa boca deve estar ligeiramente arredondada em AW, abrindo-a lentamente para E. Nossa língua deve estar relaxada na posição média e, então, deve ser elevada. OY. OY. OY.

Vamos fazer:
Detroit → OY, OYT, ROYT, TROYT, DETROYT.
Enjoy → OY, JOY, ENJOY.

O som OY pode ser formado a partir das seguintes combinações:
1. oi → Android, appoint, appointment, avoid, ballpoint, boil, boiler, broil, choice, coil, coin, Detroit, doily, enjoin, exploit, foil, groin, hoick, hoist, invoice, join, joint, loin, moil, moist, moisture, noise, noisy, oil, oink, point, poise, poison, recoil, rejoice, sirloin, soil, spoil, toil, voice, void
2. oy → alloy, annoy, boy, boyfriend, boyhood, convoy, cowboy, decoy, deploy, destroy, destroyer, employ, employee, employer, enjoy, Hoyle, joy, joyful, loyal, loyalty, oyster, ploy, royal, savoy, soy, soybean, toy, Troy, voyage, Voyager, zoysia

Vamos praticar OY em frases.

1. Appoint an android to avoid the asteroid.
2. Here is a pen with a ballpoint. Boil or broil, write down your choice.
3. The boiler is destroyed. Make an appointment, wrap it up with foil, and give it a hoist.
4. Rejoice when your plan is foiled. Exploit another opportunity and recoil.
5. Test erosion with a groin. Test your strength with a hoick.
6. Enjoy your broiled bok choy in Detroit! Here is your invoice.
7. Moil your point, toil your voice, brace for noise, and success is poised.
8. Oil the joint, fill the void, and cheer your joy.
9. Oink, oink. The pig house is moist. Bring some soil, and pigs will enjoy.
10. Recoil! Under the zoysia, a snake is coiled. It's employed. Make no noise.
11. Send a convoy with your envoy when you're poised to deploy.
12. Hoyle, the cowboy, who's loyal to Monroy, is in the convoy.
13. With some soy milk as a decoy, Hoyle the cowboy, enjoins a ploy.
14. Soybean and soy milk contain soy. Take some cabbage as savoy. Enjoy!
15. Boy! Joyce Roy, owner of a Roll-Royce, who sells toys, coins, and alloy, is voyaging to Troy.

Capítulo 18: O Som /ER/

Vamos escutar o som /ER/:
bird, dirt, earth, girl, her, lurk, mercy, nerd, occur, perch, sir, turf, venture

O som /ER/ é o som das vogais, a, e, i, o, u seguidas pela letra R.

Como pronunciamos a palavra OR?
    É O + R
    Pronucniamos /O/ /R/
    Quando falamos OR rapidamente, seu som se torna /OR/, /OR/.
    Agora, mais rápido, /OR/, /OR/

É assim que obtemos o som /ER/. Vogal + o som /R/.

Como pronunciamos a palavra YOUR?
    É YOU + R
    Pronunciamos /YOO/ /R/
    Quando falamos YOUR rapidamente, seu som se torna /YOOR/, /YOOR/.
    Agora, mais rápido, /YOOR/, /YOOR/

O som /ER/ pode ser formado pelas cinco vogais, a, e, i, o, u, e suas combinações mais /R/:

1. ar → binocular, blizzard, caterpillar, cellar, cellular, circular, collar, cougar, grammar, irregular, lizard, particular, polar, regular, sugar
2. er → archer, blender, carpenter, character, consider, dreamer, either, father, gather, her, insurer, joiner, keeper, lender, mercy, mother, reader, winner
3. ear → early, earn, earnest, earth, heard, learn, pearl, rehearse, research, search
4. ir → affirm, birth, circle, confirm, firm, first, girl, sir, shirt, skirt, smirk, stir, swirl, thirst, thirteen, Virginia,

virtual, virtues, whirl
5. or → actor, anchor, author, bachelor, chancellor, creator, doctor, editor, educator, equator, factor, gator, inventor, monitor, operator, simulator, visor, word
6. ur → absurd, burner, curtain, curve, exurbs, femur, fur, furnace, furniture, further, hurdle, nocturne, occur, turf
7. ure → adventure, culture, endure, ensure, exposure, feature, fixture, gesture, injure, insure, leisure, nature, obscure, posture, secure, venture

Capítulo 19: Som Mudo de Vogais

Vamos escutar os sons:
chocolate, family, final, interesting, restaurant, separate

Na fala natural, algumas vogais são mudas.

Vamos dar uma olhada em uma vogal muda na palavra "interesting."

A pronúncia completa correta é "in-te-resting." Entretanto, na fala natural, sua pronúncia se torna "intresting." Ambas as pronúncias estão corretas. Quando falamos "interesting" em uma velocidade natural, dizemos "intresting." Quando falamos "interesting" em uma velocidade lenta, dizemos "in-te-resting."

O descarte de uma ou mais vogais faz as palavras soarem natural.

Então, em vez de falar "cho-co-late," diga "choclit."
Em vez de falar "fa-mi-ly," diga "famly."

Vamos praticá-las.
fi-nal → finl
in-te-resting → intresting
res-tau-rant → restrant
se-pa-rate → seprit

Novamente, na fala natural, descartamos completamente o som de algumas vogais. A boa notícia é que essas palavras são poucas. Quando escutamos alguém dizer in-te-resting lentamente, também está correto!

Capítulo 20: Som Reduzido de Vogais

Acabamos de aprender o som mudo de vogais, em que descartamos completamente o som de algumas vogais.

Agora, vamos aprender o som reduzido de vogais. Vamos escutar os sons:
Adjust, advance, along, alive, amaze, another

Você notou que falamos
• əlong em vez de a long?
Você notou que falamos
• ənother em vez de an other?

Nas vogais com som reduzido, mantemos os sons de todas as vogais, mas reduzimos alguns deles.

Para pronunciar corretamente as vogais de som reduzido, fazemos três coisas:
1. Diminuímos a intensidade sonora.
2. Encurtamos o comprimento da vogal.
3. Diminuímos o volume do som.

Vamos escutá-las novamente. Olhe para as letras sublinhadas.
Adjust, advance, along, alive, amaze, another

Reduzimos o som de algumas vogais para que o som de outras vogais se sobressaia. Seguem outras palavras:

accountant, accomplish, accumulate, Balloon, beautiful

Vamos usar balloon como exemplo. Falamos Balloon, mas não Ball Loon.

Vamos tentar um pouco mais.

Balloon, beautiful, camera, constant, construction, continue, electricity, gingerly, human, investigate, kilometer, personal, pedestrian, personify, photographer, residential, until, university

Novamente, para pronunciar corretamente as vogais de som reduzido, fazemos três coisas:
1. Diminuímos a intensidade sonora.
2. Encurtamos o comprimento da vogal.
3. Diminuímos o volume do som.

Vamos tentá-las novamente.
Balloon, beautiful, camera, constant, construction, continue, electricity, gingerly, human, investigate, kilometer, personal, pedestrian, personify, photographer, residential, until, university

Reduzimos o som de algumas vogais para que o som de outras vogais se sobressaia.

Capítulo 21: Som Regular de Vogais

Os sons regulares de vogais são os sons que pronunciamos regularmente.

Até agora, aprendemos
- som mudo de vogais
- som reduzido de vogais
- som regular de vogais

Vamos aprender o último – os sons acentuados de vogais.

Capítulo 22: Som Acentuado de Vogais

Aprendemos os sons reduzidos de vogais. Agora, vamos aprender o oposto – os sons acentuados de vogais.

Vamos analisar a seguinte palavra.

Congratulations

Você notou que a vogal destacada /A/ é acentuada?

Falamos Congratulations, mas não Congratulations?

Falamos sentence, não sentence.
Falamos America, não America.

Isto é som acentuado. Acentuamos o som de algumas vogais e reduzimos o som de outras vogais.

Vamos tentá-las novamente.
Congratulations
Sentence
America

Vogais acentuadas são pronunciadas:
1. Em maior intensidade
2. Em tempo mais prolongado
3. Podem até ser mais altas

Vamos tentá-las novamente.
Congratulations
Sentence
America

Novamente, elas são pronunciadas com uma intensidade maior, em tempo mais prolongado e, às vezes, com uma voz mais alta. Vamos tentá-las novamente.
Congratulations

Sentence
America

Vamos analisar a seguinte palavra.
America

Existem quatro sílabas na palavra America – A, Me, Ri, Ca.
A – Som reduzido da vogal, vogal curta
Me – Som acentuado da vogal, vogal longa
Ri – Som reduzido da vogal, vogal curta
Ca – Som regular da vogal, vogal de comprimento
regular

Você notou que vogais acentuadas são o oposto de vogais reduzidas? Vamos tentar novamente.
America
America
America

Como sei qual sílaba devo enfatizar? A boa notícia é que existem muitas regras, embora estas nem sempre funcionem. No entanto, aqui vai uma regra que sempre funciona – aprender as palavras.

Capítulo 23: Entonação

Vamos analisar estas quatro frases.

1. They are coming.
2. **They** are coming.
3. They **are** coming.
4. They are **coming**.

Estas quatro frases são idênticas, porém quando damos ênfase a diferentes palavras, obtemos diferentes significados com a mesma frase.

Veja as palavras grifadas nas frases. Estas são as palavras enfatizadas.
1. They are coming. They are coming.
Nada está enfatizado. É apenas uma frase normal.

2. **They** are coming. **They** are coming.
Esta frase diz aos nossos ouvintes quem está vindo – they.

3. They **are** coming. They **are** coming.
A frase é se eles estão ou não vindo. A ênfase na palavra *are* é para dizer aos nossos ouvintes que eles estão vindo.

4. They are **coming**. They are **coming**.
A frase é sobre o que eles estão fazendo. Neste caso, eles estão vindo. *Coming* é a ação deles. *Coming* é o que eles estão fazendo.

Isto é entonação. O que enfatizamos é o que desejamos que nossos ouvintes deem importância.

Agora, escute o áudio e preste atenção nas palavras enfatizadas.

1. They are coming. They are coming.
2. **They** are coming. **They** are coming.
3. They **are** coming. They **are** coming.
4. They are **coming**. They are **coming**.

As palavras enfatizadas são pronunciadas:
1. Maior intensidade
2. Tempo mais prolongado da vogal
3. Pode até ter um volume mais alto

Compare a diferença.

They
They
They
They
They are coming.
They are coming.
They are coming.
They are coming.

Novamente, maior intensidade, vogal mais longa e pode ser mais alto. Vamos comparar a diferença entre os dois *are..*

Are
Arc
Are
Are
They are coming.
They **are** coming.
They are coming.
They **are** coming.

E agora a palavra coming.

Coming
Coming
Coming
Coming
They are coming.
They are **coming**.
They are coming.

They are **coming**.

Nos quatro capítulos anteriores, aprendemos
- o som mudo de vogais
- o som reduzido de vogais
- o som regular de vogais
- o som acentuado de vogais

Estes representam a entonação da palavra. Neste capítulo, vamos aprender entonação da frase. Novamente, palavras enfatizadas em frases são pronunciadas com:
1. Maior intensidade
2. Tempo mais prolongado da vogal
3. Pode até ter um volume mais alto

Vamos praticar entonação de frases!

1. Good morning.
2. **Good** morning.
3. Good **morning**.

4. How are you?
5. **How** are you?
6. How **are** you?
7. How are **you**?

8. Fine. Thanks.
9. **Fine**. Thanks.
10. Fine. **Thanks**.

11. Would you like some water?
12. **Would** you like some water?
13. Would **you** like some water?
14. Would you **like** some water?
15. Would you like **some** water?
16. Would you like some **water**?

17. They all have different meanings.

18. **They** all have different meanings.
19. They **all** have different meanings.
20. They all **have** different meanings.
21. They all have **different** meanings.
22. They all have different **meanings**.

Como você sabe o que elas realmente significam? Simples. Preste atenção nas palavras enfatizadas.

Agora vamos analisar o seguinte.

    1. That's a **beautiful** sunset!
    2. That's a beautiful sun**rise**!

Na primeira frase, o orador está dizendo que o pôr do sol é bonito. O orador está enfatizando a palavra "beautiful."

Na segunda frase, o orador está corrigindo o primeiro orador sobre a hora do dia ao enfatizar a palavra *sunrise*. Visto que ambas as palavras sunset e sunrise têm a palavra *sun* no início, a única parte em *sunrise* que necessita de ênfase é *rise*.

Vamos tentar novamente.
    1. That's a **beautiful** sunset!
    2. That's a beautiful sun**rise**!

    3. That's a **beautiful** sunset!
    4. That's a beautiful sun**rise**!

Agora, tente o seguinte.

1. Did you go to the supermarket yesterday?
2. **Yes**, I did.

3. Did you go to the supermarket yesterday?
4. Yes, I went at **seven**.

5. Did you go to the supermarket yesterday?
6. Yes, I went to the **produce** department.

7. Did you go to the supermarket yesterday?
8. Yes, I went to **Starbucks**, too.

9. Did you go to the supermarket yesterday?
10. Yes, milk was **on sale** yesterday!

Vamos tentar novamente.

1. Did you go to the supermarket yesterday?
2. **Yes**, I did.

3. Did you go to the supermarket yesterday?
4. Yes, I went at **seven**.

5. Did you go to the supermarket yesterday?
6. Yes, I went to the **produce** department.

7. Did you go to the supermarket yesterday?
8. Yes, I went to **Starbucks**, too.

9. Did you go to the supermarket yesterday?
10. Yes, milk was **on sale** yesterday!

As seguintes frases são idênticas, mas algumas delas têm o significado oposto do que aparentam.
1. That is wonderful.
2. **That** is wonderful.
3. That **is** wonderful.
4. That is **wonderful!**
5. **That** is **wonderful!**

A frase 1 é normal. Apenas comunica aos nossos ouvintes que seja o que estiver acontecendo lá, é bonito. A linha inteira é plana. É uma resposta à seguinte pergunta:

Is that wonderful?

That is wonderful.

A frase 2 está enfatizando *that*, que é o que está acontecendo lá. *Wonderful* é secundário aqui. Esta frase é uma resposta à seguinte pergunta:

What's wonderful?

That

is wonderful.

A frase 3, todavia, é se o que está acontecendo é maravilhoso ou não. É uma resposta à seguinte pergunta:

Is that wonderful or not?

is

That   wonderful.

A frase 4 é uma resposta à seguinte pergunta:

How do you like that?

wonderful.

That   is

A frase 5 é totalmente o oposto da frase 1. Não está elogiando o que está acontecendo lá, na verdade significa que o que acontece lá não é maravilhoso.

That   wonderful.

          is

Na frase 5, imagine isto:
1. Você comprou um celular novo.
2. Você o segurou em sua mão e sorriu.
3. Você deixou o celular cair na água.

Aí é quando você diz "**That** is **wonderful!**"

Agora que estamos com os ouvidos treinados, fica fácil descobrir o que o orador realmente quer dizer. Preste atenção nas palavras enfatizadas.

Na fala natural, as palavras enfatizadas são faladas em um tom um pouco mais alto do que o restante das palavras, mas é fácil descobrir a vogal.

Novamente, vogais acentuadas são pronunciadas com
1. Maior intensidade
2. Tempo mais prolongado
3. Podem ter um volume mais alto

Capítulo 24: Consoantes

Tirando as cinco vogais, todas as outras letras são consoantes. Estas consoantes podem se unir a outras consoantes para formar outros sons consonantais.

Existem dois tipos de consoantes, sonoras e surdas.

Coloque sua mão na garganta e diga /M/.

Você sente a vibração na sua garganta? Isto é importante. Tente novamente até sentir a vibração. Diga /MMMMMMMMMM/ por mais tempo até sentir a vibração.

Sentimos a vibração porque nossas cordas vocais vibram no /M/. Chamamos /M/ de consoante sonora.

Agora coloque sua mão na garganta e diga /S/.

Você sente alguma vibração? Diga /SSSSSS/ pelo máximo de tempo possível. /S/ está apenas fazendo o ar fluir entre as lacunas de seus dentes e sua língua. Não há vibração nenhuma.

Não sentimos vibração porque nossas cordas vocais não vibram no /S/. Chamamos /S/ de consoante surda.

Existem apenas nove consoantes surdas. Mantenha sua mão na garganta e tente.

/CH/, /F/, /H/, /K/, /P/, /S/, /SH/, /T/.

Tente novamente. Lembre-se, sem vibração.

/CH/, /F/, /H/, /K/, /P/, /S/, /SH/, /T/.

Agora que tentamos oito delas, há mais uma – o som formado pelas letras TH.

TH pode ser sonoro ou surdo. Vamos primeiro ver o TH surdo. Analise esta palavra.
Thank
Thank
Thank

O TH em "thank" é surdo.

Agora, vamos analisar o TH sonoro. Analise esta palavra.
Than
Than
Than

O TH em "than" é sonoro.

Vamos ver essas palavras em detalhes nos próximos capítulos.

Além das nove consoantes surdas, as outras consoantes são sonoras. Mantenha sua mão na garganta e diga o seguinte. Todas elas têm vibração.

/B/, /D/, /G/, /J/, /L/, /M/, /N/, /NG/, /R/, /TH/, /V/, /W/, /Y/, /Z/, /ZH/

Tente novamente. Sinta a vibração.

/B/, /D/, /G/, /J/, /L/, /M/, /N/, /NG/, /R/, /TH/, /V/, /W/, /Y/, /Z/, /ZH/

Vamos estudar cada uma dessas consoantes em detalhes nos próximos capítulos.

Capítulo 25: Os Sons B, /B/ e P, /P/

Vamos escutar primeiro o som B, /B/.

Baby, ball, bat, beautiful, bee, Betty, bill, blink, boss, bug, busy.

Para pronunciar /B/, feche seus lábios. Deixe-me dizer isso novamente. Para pronunciar /B/, feche *ambos* os lábios. Rapidamente separe os lábios para produzir o som /B/. Separe seus lábios, enviando o lábio superior para cima e o lábio inferior para baixo. Sim. Lábio superior para cima. Lábio inferior para baixo. Quase não há ar saindo quando separamos nossos lábios dessa forma. Segure um pedaço de papel na frente de sua boca e fale /B/. O papel ficará imóvel.

Coloque uma mão na sua garganta para sentir a vibração. /B/. /B/. /B/. Yes, /B/ é uma consoante sonora. Sinta a vibração. /B/. /B/. /B/.

Vamos praticar /B/:

1. /B/ com B no início:
    bag, bagel, bake, baker, ball, bank, base, basil, batch, beach, bean, beige, belief, believe, below, belt, berry, best, bicycle, biker, big, Billy, bin, bird, blender, boat, box, brain, bring, brink, broccoli, buddy, buffalo, build, bush, bite.

2. /B/ com B no meio:
    Abacus, abbreviation, ability, able, aboard, about, above, abrasive, absent, absolutely, acceptable, accountable, affordable, baboon, baby, Barbara, capability, database, elaborate, establish, fabric, fabulous, gigabyte, habit, label, lullaby, neighborhood, rabbit

3. /B/ com B no final:
    absorb, adverb, barb

Quando B está no final, precisamos fazer mais uma coisa – manter o som da vogal diante de B por mais tempo.

Deixe-me dizer isso novamente – mantenha o som da vogal diante de B por um tempo mais prolongado.

Vamos usar "job" como exemplo. Mantenha o som da letra O por mais tempo. Fale "Jo—b." "Jo—b."

Agora /B/ com B no final:
    absorb, adverb, barb. Você manteve o som da vogal diante de B por mais tempo? Sim? Bom trabalho! Vamos a manter o som da vogal por mais tempo. Bathtub, blob, Bob, bulb cab, club, herb, hub, Jacob, job, knob, lab, rib, Rob, scrub, superb, swab, tab, web

Vamos praticar /B/ em frases.

1. Bag the bagels the baker baked then bring a blank check to the bank.
2. Base on the batch of basil in the basket, it's better to bathe the beans on the beach.
3. I believe your belief is the best. Would you like to beat the drum with balloons?
4. Below the bell peppers are blackberries. Bring big Billy and beautiful Betty to play *Beauty and the Beast*.
5. A bluebird is eating bread. A buffalo is chewing broccoli. Bring your buddy. Let's party.
6. An abacus has the ability to build up numbers. Abigail is able to use the abacus to make money.
7. Welcome aboard. We're about to brush these abrasive stones.
8. Being absent is absolutely acceptable because they're about to divide the money from the table.
9. The baboon is having a baby. Barbara, would you sing her a lullaby and get ready a party?
10. The database is elaborated here. Let's get into a habit of celebrating with a rabbit.
11. Bob likes to absorb adverbs in the bathtub and does a better job than in the lab.
12. Barbara and Bob bought some light bulbs and took the cab to the lab.
13. Jacob has a hub, a job, and a doorknob. He exchanged all of them for a superb swab.

Agora, vamos escutar o som P, /P/.

Lamp, paint, palm, Paul, peel, person, people, piano, pie, pool, pot, pull, push, python, wasp

Quando /P/ está no início ou no final de uma palavra, feche seus lábios, exerça pressão dentro de sua boca, e rapidamente separe os lábios para liberar a pressão. Separamos nossos lábios enviando o lábio superior para fora. Sim. Liberamos nossos lábios e o enviamos para fora por meio do ar na boca. A pressão enviará um sopro de ar. Segure um pedaço de papel na frente de sua boca e fale /P/. O sopro de ar irá movimentar o papel.

Vamos tentar novamente. /P/, /P/, /P/.

Embora a pressão de ar movimente o papel, /P/ é uma consoante surda. Coloque a outra mão em sua garganta. Não deve haver vibração.

Vamos praticar /P/.

1. /P/ com P no início:
Pace, pad, page, paid, pale, peace, perch, pile, pigeon, pillow, pilot, pioneer, pipeline, pocket, poem, podcast, pointer, popular, portrait, positive, post, powerful, praise, pressure, price, principle, printer, priority, privacy, procedure, produce, product, productivity, professional, professor, program, promise, promotion, proofread, protein, protocol, proud, public, pumpkin, punctuation, pure, push, pyramid.

2. P, /P/ no final de uma palavra. Quando /P/ está no final de uma palavra, pode-se dizer /P/ com ou sem um sopro de ar.
Asleep, backup, barbershop, buildup, bump, camp, cap, cheap, clap, clip, cleanup, creep, crop, cup, dealership, deep, desktop, develop, drop, dump, fingertip, grip, help, hiccup, hilltop, jump, keep, ketchup, laptop, leadership, lollipop, loop, ownership,
Quickstep, relationship, sheep, ship, soap, swap, sweep,

trap, trip, top, up, wrap

3. Quando P, /P/ está no meio de uma palavra. Quando /P/ está no meio de uma palavra, feche seus lábios antes de /P/ e, então, separe-os e rapidamente e fale a próxima parte da palavra. O sopro de ar é reduzido para quase inexistente. Vamos analisar a seguinte palavra.

Spring

Fale /SP/ segurando o sopro de ar em /P/. Fale /S/ e interrompa o som /S/ na letra P, assim: /SP/, /SP/, /SP/. Em seguida, una rapidamente a letra R. /SPR/, /SPR/, /SPR/. SPRing.

O som de /P/ em SPRing ainda é um som diferente de B, /B/. SPRing não é SBRing. Não há vibração na letra P.

Vamos tentar /P/ com P no meio:
Alpine, amplify, appear, appetizer, apple, application, appointment, appreciate, appropriate, approve, capability, capital, captain, caterpillar, competition, compress, copyright, display, employ, empower, episode, expand, experience, expert, expire, explain, express, happen, happy, helpful, hippo, leopard, maple, opportunities, opposite, outperform, spring

Vamos praticar P, /P/ em frases.
1. Place the pads piece by piece and page by page until the peace pigeons perch.
2. Pioneer this pipeline project, pal, or put a pillow in the pilot's pocket.
3. Post party pictures on a PowerPoint presentation for the poem podcast then ponder the procedure.
4. Print the popular portrait with positive praises and post powerful promises to give away pumpkins.
5. Praise the professor for her principle when she's under pressure for producing a privacy program.
6. Put the printer price like a pyramid then proofread it.
7. Be proud of your professionalism in the public and put protein in pumpkins in private.
8. Backup when the sheep are asleep, then go to the barbershop and clap.
9. Bump the camp with party balloons then cap the cup deep.
10. Your desktop needs a cleanup. Go to the dealership to get a mop then creep up the hilltop until you hiccup.
11. Develop this crop then drop your laptop.
12. keep the ketchup and swap the lollipop.
13. Grip with your fingers and sweep with your fingertip to show your leadership.
14. Go to the Alpines to amplify your appearance then eat an apple for appetizer.
15. Make an appointment for your application and appreciate the competition.
16. Approve the capability of the caterpillar then employ its power.
17. The captain uses capital letters to compress the copyright display and empowers an expert to write the next episode.
18. Expect to expand your experience by explaining the express map.
19. Helpful hippos and leopards happen to be happy about their opportunities.

Vamos comparar os sons B, /B/ e P, /P/.
 Back, pack
 bush, push
 cab, cap

Vamos treinar nossos ouvidos a escutarem as leves diferenças.
 1. Sonora e surda.
 /B/, /P/. /B/, /P/.
 2. Vogais mais curtas e mais longas.

Quando falamos palavras com /B/, mantenha o som da vogal por um tempo mais prolongado.

Na palavra "cap," o comprimento da vogal é curto. Cap. Na palavra "cab," o B, /B/ é sonoro, a vogal é mais longa. Cab. Vamos tentar novamente.
 Cap, cab
 Cap, cab

Vamos praticar.

Back, pack
Bay, pay,
Bass, pace
Batch, patch
beach, peach
bell, pell
berry, Perry
best, pest
bike, pike
big, pig
bin, pin
bush, push

Agora vamos praticá-las quando estão no final de uma palavra. Para os sons /B/, mantenha o som da vogal por mais tempo.
Cap, cab

carp, carb
hop, hub
lap, lab
rip, rib
swap, swab
tap, tab

Vamos praticar /P/ e /B/ nas mesmas frases.
1. Bring a backpack to the bay to pay.
2. Base on our pace, we can bring a batch of patch to Peach Beach.
3. Let Perry plow the garden until the berries are buried.
4. Use our bike's pike as the best pest control if we want to lose our big pig.
5. Put the pin in the bin then push the bush.
6. Wear your cap in the cab and call Bob to rub his rabbit.
7. If your hub can hop, put it on your lap and bring it to the lab.
8. Turn on the lamp for your lamb so it won't rip its rib. (The B in lamb is silent)
9. Swap the swab then tap the tab.

Capítulo 26: Os Sons D, /D/ e T, /T/

Vamos primeiro escutar o som D, /D/.

Dad, daily, dandelion, day, deal, dice, diagram, document, dune, found, good, mode, proud

Para pronunciar /D/, abra ligeiramente seus lábios, pressione a ponta de sua língua em seus dentes e gengiva. Libere a pressão para produzir o som /D/. Sentimos como se estivéssemos quase dizendo a letra N, exceto que liberamos a língua da gengiva para produzir o som /D/.

Coloque uma mão em sua garganta para sentir a vibração /D/. /D/. /D/. Sim, /D/ é uma consoante sonora. Sinta a vibração. /D/. /D/. /D/.

Agora, vamos praticar /D/:

1. Quando /D/ está no início de uma palavra.
   Daisy, data, December, deep, deer, deliver, dessert, diamond, dinner, dip, direction, disk, do, dock, duck, done, donkey, dusk, duty, dweller

2. Quando /D/ está no meio de uma palavra.
   Adapt, adult, audio, edge, edit, idea, identify, index, jade, lander, middle, modern, order, podium, window

3. Quando /D/ está no final de uma palavra.
   Tal como a letra B, /B/, D, /D/ também é uma consoante sonora. Quando D, /D/ está no final de uma palavra, precisamos fazer mais uma coisa – manter o som da vogal diante de D por mais tempo.

Deixe-me dizer isso de novo – mantenha o som da vogal diante de D por mais tempo.

Vamos usar "food" como exemplo. Mantenha o som das letras OO por mais tempo. Fale "foo—d." "foo—d."

Agora quando D, /D/ está no final de uma palavra.
> Add, avoid, bird. Você manteve o som das vogais diante de D por mais tempo? Sim? Bom! Vamos manter o som das vogais por mais tempo. Blend, build, celebrated, could, dated, excited, extend, eyelid, find, ground, hood, kid, land, mend, need, odd, proud, red, round, solid, Ted, wanted, wind

Vamos praticar D, /D/ em frases.

1. Deer eat daisies in December then sleep in the deep forest.
2. Deliver a dessert in the desert and do a Donkey Dance.
3. Dine at Diner for dinner and pay the dinner with dimes.
4. Dim the lights at dusk and dance until dawn.
5. Adjust to the speed of sound then listen to the recordings of hounds.
6. The recording of the audio is done. That's it for today. Let's go to lunch.
7. Can you identify diamonds and jades? They look identical to me.
8. Edit the index in the middle of the window then order a modern pillow.
9. Add a podium in the middle of the stadium to build up the crowd. Avoid birds flying around.
10. Celebrated with orange smoothies on hand, the students were excited to get a diploma again.
11. Extend your hand to a new friend. Find a common ground to sit down.
12. Land on the red planet to study the land. There are strong winds there and the atmosphere is not dense.

Agora, vamos estudar o som T, /T/.

Ate, best, chat, dent, elite, fast, get, take, talk, taught, tilt, tutor, type.

Para pronunciar /T/, abra seus lábios ligeiramente, pressione a ponta da língua contra seus dentes para exercer uma pressão. Libere a tensão para produzir o som. /T/. /T/. /T/.

/T/ é um dos sons surdos. Agora coloque uma mão em sua garganta. Você sente alguma vibração ao falar /T/? Suas cordas vocais não vibram. Não deve haver vibração alguma. Continue praticando até acertar. /T/, /T/, /T/.

Vamos praticar /T/.

1. Quando /T/ está no início: Tablet, tackle, tag, tail, take, tall, tango, tea, technology, tell, temperature, tennis, terrific, test, text, ticket, tide, Tiffany, tiger, tight, tilt, time, tip, tissue, twinkle, toad, token, Tommy, took, torch, tough, tube, tunnel, turn, typhoon
2. Quando /T/ está no final: appointment, at, attract, copyright, attempt, default, decent, dessert, detect, detergent, expect, fast, fruit, hat, intact, intelligent, interest, invent, it, kit, light, might, paint, put, request, rest, sit, talent

Quando /T/ está no meio de uma palavra, mantenha a pressão na letra T e, então, libere a pressão e rapidamente una a próxima parte da palavra. Vamos dar uma olhada na seguinte palavra.

Step

Fale /ST/ mantendo a pressão em /T/. Fale /S/ e interrompa o som de /S/ na letra T, dessa forma: /ST/, /ST/, /ST/. Então, rapidamente una a letra E. /STep/, /STep/, /STep/.

O som de /T/ é u pouco diferente do som /D/. STep não é SDep. A letra T é livre de vibração.

3. Vamos praticar /T/ quando /T/ está no meio:
   Atmosphere, attach, attend, attitude, automatic, capital, captain, caterpillar, competition, detail, extension, gatekeeper, intention, integrity, internal, international, interesting, inventor, outperform, outstanding, stamp, steep, stick, student

Vamos praticar /T/ em frases.

1. Tap on the tablet to tackle the task.
2. Technology makes taking tests terrific. Students send texts while taking tests.
3. Today's temperature is perfect to play tennis. Tie your tiger while playing tennis with your brother.
4. Tommy has two tokens. Tammy has two tickets. Bring a torch and let's catch some crickets.
5. Time to turn right into the tunnel and watch the tornado.
6. At an attempt to attract a decent expert, bring some dessert.
7. To detect the detergent, wear a helmet. Expect a fast result, switch to a hat.
8. Building up his interest to invent an intelligent kit, Ted went to the desert and built a fire pit.
9. To wet your bed, go to the left. To tie your tie, go the right.
10. Sit on the beach and light up a light then harness your talent through the night.
11. In its tight atmosphere, Venus welcomes competition.
12. To attend the party bring a tent. Kids like to count to ten.
13. With a tough attitude in extent, bring more capital to spend.
14. The Captain Caterpillar Competition goes automatic. Invite a guest to take a peek.
15. Integrity is an outstanding character. Persistent inventors are welcome to drink water.

Vamos comparar D, /D/ e T, /T/.

Primeiro, vamos compará-las quando D e T estão no início ou no meio.

dab, tab
dag, tag
deer, tear
dense, tense
dime, time
dip, tip
do, to
dock, tock
done, ton
dune, tune
dusk, tusk

Agora, vamos praticá-las quando D e T estão no final. As diferenças são:

1. Vibração. Sem vibração.
2. Vogal mais longa. Vogal mais curta.

Vamos tentá-las primeiro.
ad, at
bid, bit,
build, built

Ao pronunciar palavras com D, /D/, mantenha o som da vogal por mais tempo.

Novamente, para sons D, /D/, sinta a vibração e mantenha o som da vogal por mais tempo.

ad, at
bid, bit,
build, built
extend, extent
feed, feet

hid, hit
kid, kit
lid, lit
ladder, latter
mid, Mitt
nod, not
pod, pot
rod, rot
wed, wet

Agora, vamos analisar o seguinte. Veja se você consegue detectar qualquer diferença entre os sons finais.

cabbed, capped
served, surfed
bagged, backed

Estes três pares têm sons finais diferentes. As primeiras palavras têm o som final D, /D/. As segundas palavras têm o som final T, /T/.

Lembra-se das consoantes surdas? Aí estão elas novamente: /CH/, /F/, /H/, /K/, /P/, /S/, /SH/, /T/, /TH/. Quando estas consoantes surdas estiverem na frente do final ED, o ED tem o som de T, /T/. Caso contrário, os finais ED terão consoantes sonoras diante deles, e terão o som de D, /D/.

Vamos escutá-las novamente!

cabbed, capped
served, surfed
bagged, backed

Você entendeu? Sim? Bom! Vamos continuar.

bobbed, bopped
ribbed, ripped
tabbed, tapped
carved, scarfed
proved, proofed
waived, waifed
bugged, bucked
chugged, chucked
clogged, clocked
logged, locked
sagged, sacked
slagged, slacked

Bom trabalho! Estamos quase terminando. Agora, veja estes dois pares.

braised, braced
closed, crossed

Note que em *braised* e *closed*, há um S em frente de ED. O S nestas palavras é pronunciado como Z, /Z/. Existe uma vibração em /Z/. Portanto, ED nestas palavras é pronunciado como D, /D/. Todavia, quando um verbo termina com S duplo, este é pronunciado como S, /S/. Portanto, ED é pronunciado como T, /T/. Também em BRACED, CE é pronunciado como S, /S/ Portanto, ED também é pronunciado como T, /T/.

Vamos escutá-las novamente!

braised, braced
closed, crossed

Vamos continuar.

cruised
eased
discussed
guessed
passed
processed

Agora, as últimas antes de partirmos para as mais fáceis. Palavras com sons CH, /CH/ e SH, /SH/.

Approached
bleached
cached
crunched
watched

accomplished
finished
polished
pushed
washed

Lembra-se das consoantes surdas? CH, /CH/ e SH, /SH/ estão entre elas. Quando estas consoantes surdas estão na frente do final ED, o ED tem o som de T, /T/.

Esta é fácil. Vamos aperfeiçoar agora. O que devemos fazer? Repita comigo! Todas as vezes! Durante todo o livro! Repita minhas instruções também. Preparado? Agora!

Approached
bleached
cached
crunched
watched
accomplished
finished
polished
pushed
washed

Agora o mais fácil:

Attended, loaded, printed, vented

Para estas palavras que terminam com D ou T, adicionamos um som extra de vogal no final. Caso contrário, elas teriam o som de "attend'd, load'd, print't, e assim por diante. O que fazemos? Adicione um som extra de vogal no final. Seguem mais exemplos. Vamos praticá-los.

Added
concluded
divided
exceeded

melted
painted
tilted
vented

Lembra-se das consoantes surdas? T, /T/ é uma das consoantes surdas. Quando estas consoantes surdas estão na frente do final ED, o ED tem o som de T, /T/. E o D, /D/? D, /D/ é sonoro. Portanto, os finais ED após D, /D/ terão o som D, /D/.

Vamos ouvi-las novamente.

Added
concluded
divided
exceeded
melted
painted
tilted
vented

É isso aí! Conseguimos!

Capítulo 27: Os Sons F, /F/, e V, /V/, e W, /W/

Vamos primeiro escutar o som /F/.

Face, fact, fly, fierce, fifteen, fruit, fun, itself

Para pronunciar o som /F/, levemente toque seu lábio inferior em seus dentes superiores, mantenha essa posição e deixe o ar sair lentamente entre os espaços.

Agora, pergunte-se isso: /F/ é sonoro ou surdo?

Correto! É surdo. O som /F/ pode ser formado pelas letras F e PH. Vamos praticar /F/:

1. Quando /F/ está no início de uma palavra.
   Fable, faded, fare, feel, feed, feast, find, flight, flounder, flower, focus, food, found, Frank, frost, full, fun, Philadelphia, Philips; physics, physician,
2. Quando /F/ está no meio de uma palavra.
   Alpha, buffalo, beautiful, different, fifteen, fluffy, gift, left, loft, office, raft, reference, safe, sofa, Sophia, traffic, wafer, waffle, wife, wonderful
3. Quando /F/ está no final de uma palavra.
   Behalf, belief, chief, cliff, golf, half, herself, laugh, liftoff, payoff, proof, scarf, sniff, staff, stuff, wolf

Vamos praticar /F/ em frases.

1. Anderson's fables haven't faded with time. Pay a fare to bring a pair.
2. Feed this beast a feast before finding it a flight or a kite.
3. Is it a flounder or a flower? You can find out if you focus on the formula.
4. Frank is full of fun. Phil is full at lunch.
5. When the alpha buffalo arrived, the fifteen different chiefs laughed.
6. Bring this fluffy gift to the office, and take the raft home.
7. To help Sophia become a terrific wife, bring her flowers and waffles.
8. Refresh my memory, tell me a brief story.
9. Half of the staff went to California. The other half stayed to prepare for other stuff.

Agora, vamos escutar o som V, /V/.

Above, achieve, believe, carve, hover, positive, very, victory

Para pronunciar V, /V/, toque levemente seu lábio inferior em seus dentes superiores, mantenha a posição e gentilmente force o ar para fora sem vibração.

O som V, /V/ é o mesmo de F, /F/? Escute novamente.
/V/, /F/.
/V/, /F/.

Eles soam quase o mesmo, mas são diferentes.

Para o V, /V/, coloque uma mão em sua garganta para sentir a vibração. Há apenas um pouco de vibração, mas conseguimos sentir.
/V/
/V/
/V/
Continue tentando até sentir um pouco de vibração. /V/.
/V/. /V/.

Para F, /F/, simplesmente deixe o ar sair. Para V, /V/, use seu músculo abdominal para ajudar a forçar o ar para cima. Contraia seu abdome e empurre o ar para cima com vibração. /V/. /V/. /V/.

Vamos praticar o som V, /V/:

1. Quando V, /V/ está no início de uma palavra.
   Vacation, vacuum, valid, value, vapor, vast, vein, vendor, ventilation, very, Victoria, video, view, voiced, volleyball, volume, vowel, voyage,

2. Quando V, /V/ está no meio de uma palavra.
   Advantage, civilization, cover, development, driver, envelope, given, lava, level, movie, navigator, novel, November, pivotal, review, river, seventeen, travel

3. Quando V, /V/ está no final de uma palavra.
    Abrasive
    achieve
    alternative
    positive

Quando V, /V/ está no final de uma palavra, precisamos fazer mais uma coisa – manter o som da vogal diante de V por mais tempo.

Vamos usar "achieve" como exemplo. Mantenha o som das letras IE por mais tempo. Fale "achie—v." "achie—v."

3. Quando V, /V/ está no final:
    Abrasive, achieve, alternative, attractive, believe, cave, conducive, creative, decisive, five, live, productive, shave, twelve, wave

Vamos praticar V, /V/ em frases.

1. Take a vacation, visit the Vatican. Take an eating tour, go to Vancouver.
2. To voyage through the vacuum of space, a valid vendor's verification is valuable.
3. Turn up the volume very high if you want to hear the voiceless consonants and the voice of grapevines.
4. Scientists believe advanced civilizations had developed on vast regions of Earth in the past.
5. Lava has covered the river. Feel free to drive across in November.
6. Very successful people do three things – they eat, they breathe, and they achieve.
7. To be creative, be decisive.
8. Live in caves to be productive. What an alternative!
9. Wave at twelve then shave at five. He's investing in a new life.

Agora, vamos comparar os sons /F/ e /V/.

fan, van
favor, vapor
fast, vast
fender, vendor
ferry, very
few, view
fine, vine

Veja estes três pares.

Belief, believe
life, live
proof, prove

Há duas diferenças nestes três pares.
1. Consoante surda e sonora.
2. Vogais mais longas e mais curtas.

V, /V/ é sonoro. Ao falar palavras com V, /V/, mantenha o som da vogal por mais tempo.

Vamos tentá-las novamente!
Belief, believe
Fife, five
half, have
leaf, leave
life, live
proof, prove

Agora, vamos escutar o som W, /W/.

Always, anywhere, awake, biweekly, rewind, swan, swim, twelve, was, wet, window, work

Vamos primeiro escutar o som W, /W/ e o som V, /V/.
/W/, /V/.
/W/, /V/.

/W/ soa o mesmo que /V/? /W/ é um som completamente diferente do som /V/. Vamos tentar acertar.

Para pronunciar W, /W/, arredonde ligeiramente seus lábios, contraia seu abdome e force o ar para fora, e adicione vibração. /W/. /W/. Nossos lábios são arredondados e estendidos para frente, enquanto nossos dentes estão afastados de nossos lábios.

Coloque uma mão em sua garganta e sinta a vibração. Coloque um pedaço de papel na frente de sua boca para ver o ar fluir. /W/. /W/. O ar fluindo deve ser mais forte para mover o papel.

Para F, /F/, toque seu lábio inferior com seus dentes superiores e lentamente deixe o ar sair entre os espaços. /F/. Para V, /V/, toque seu lábio inferior com seus dentes superiores, vibre e contraia seu abdome para lentamente empurrar o ar para cima e para fora entre seus dentes e lábios. /V/. /V/. Para W, /W/, também contraia seu abdome para empurrar o ar para cima. Nossos lábios são arredondados e estendidos para frente, enquanto nossos dentes estão afastados de nossos lábios. /W/. /W/.

Vamos praticar o som W, /W/:

1. Quando W, /W/ está na frente de uma palavra.
   Wagon, walk, wallpaper, want, water, wave, went, wheel, whistle, wilderness, windmill, within, why, whisper, wonderful, workshop, woodchuck

2. Quando W, /W/ está no meio de uma palavra.
   always, awaken, award, awhile, between, dishwasher,
   likewise, overwhelming, password, runway, swab,
   swallow, swamp, swear, sweet, sweeper, swerve,
   swipe, switch, swim, tweak, twelve, twilight, twin

3. Quando W, /W/ está no final de uma palavra.
   Quando W está no final de uma palavra, W se torna
   parte de uma vogal. Segue um ótimo exemplo: na
   palavra *pillow*, o W faz parte do som /OH/.

Vamos praticar o W, /W/ em frases.

1. Walk to the wagon then ride to the water or pull the wagon and walk to the water.
2. Whistling in the wilderness will scare the shrew. Whispering in the workshop and no one will hear you.
3. The awakened gets the reward. The sleeping barely gets any water.
4. Do you want to see a swan swimming in the swamp or a swallow sweeping pass the willow?
5. Always wake up the sweepers at twilight and then swallow a sweet potato.
6. Swipe a tiger you'd better hide. Tigers are sized to fight worldwide.

Agora, vamos comparar W, /W/ e V, /V/.
wallet, valid
wan, van
Wayne, vein
ways, vase
went, vent
wary, vary
whale, vail
wheel, veal
wine, vine
while, vial
wiper, viper
wise, vice
wiser, visor
word, verb
wow, vow

What is he driving? A wan or a van?
He is driving a van.

Capítulo 28: Os Sons G, /G/ e K, /K/

Vamos escutar o som G, /G/.

Agree, begin, big, dragonfly, gap, get, gift, good, glider, gold, magnet, Oregon, zigzag

Para pronunciar o som G, /G/, abra levemente seus lábios, pressione a parte posterior de sua língua no palato, e libere a pressão para produzir o som. /G/. Coloque uma mão em sua garganta para sentir a vibração.

Vamos praticar o som G, /G/:

1. Quando G, /G/ está na frente:
   Gain, girl, glad, gallon, garlic, gaze, gear, gigabyte, glance, glove, glow, gorilla, gap, grass, gravity, great, green, guitar

2. Quando G, /G/ está no meio:
   Again, ago, agree, alligator, cargo, eager, egg, elegant, figure, giggle, Google, igloo, ignite, ignore, juggle, logo, magnify, sugar, tiger, toggle, trigger

3. Quando G, /G/ está no final:
   bag
   big
   brag

Quando G, /G/ está no final de uma palavra, precisamos fazer mais uma coisa – manter o som da vogal diante de G por mais tempo.

Novamente, mantenha o som da vogal diante de G por mais tempo.

Vamos usar "bag" como exemplo. Mantenha o som da letra A por mais tempo. Fale "ba—g." "ba—g."

Quando G, /G/ está no final:

    bag, big, brag, bug, catalog, clog, dialog, dog, drag,
    egg, fig, firebug, flag, frog, hedgehog, iceberg,
    leapfrog, leg, plug, polliwog, prologue, stag, tag, twig,
    zigzag

Agora, vamos praticar G, /G/ em frases.

1. The girl grabbed a guitar then played to a gorilla.
2. To lead our horse to green grass, stay away from the glacier.
3. Who runs faster, a gopher or a grasshopper?
4. What a wonder! A tiger racing an alligator.
5. An eagle flew over the jungle a minute ago. Did you get any photos?
6. Bag this big bug and put it in the backpack. Release the big bug to see if our dog will clap.
7. Is it a leapfrog or a polliwog on the catalog?
8. The frog, the dog, and the hog, jumped into the water to fetch the log.

Vamos escutar o som K, /K/.

Ask, bake, book, buckle, chalk, keep, key, kindle, kite, like, maker, mark, package, rock

Para pronunciar o som K, /K/, abra ligeiramente seus lábios, pressione a parte posterior de sua língua contra o palato, e rapidamente libere a pressão para deixar o ar sair. Coloque uma mão em sua garganta. /K/ é um som surdo. Não há vibração.

O som /K/ pode ser realizado para as letras K, C, e QU.

1. Quando /K/ está no início de uma palavra.
    khaki, kangaroo, kayak, keel, keen, keep, keepsake, ketchup, keyboard, kickoff, kick-start, kid, kilogram, kilometer, kind, kinetic, king, kit, kitchen, kite, kiwi

2. A letra C é pronunciada como /K/ quando está na frente das letras A, U, L, R, e T.
    cab, cable, call, camera, canal, candy, captain, car, careful, carpet, carrot, catch, class, clean, climb, clue, coach, color, comfortable, craft, crew, culture, customer, cute, exact

3. Quando /K/ está no meio de uma palavra.
    ankle, accomplish, account, accurate, action, awaken, baker, echo, hiker, hockey, liken, likewise, maker, poker, scarf, scatter, school, scoop, skate, ski, skill, skim, skip, skirt, sky, sprinkle, token, walker

4. Quando /K/ está no final de uma palavra.
    arc, automatic, basic, civic, classic, disc, generic, italic, kinetic, logic, magic, magnetic, music, organic, Pacific, public, terrific topic, ask, book, click, clock, desk, duck, elk, hammock, look, neck, speak, talk, thank, think, track

5. As letras QU são pronunciadas como /K/ e, às vezes,

/KW/.

equipment, liquid, mosquito, quack, quad, quadrant, quadruple, quake, quality, quarter, queue, queen, quick, quiet, quilts, quite, quiz, quote, request, require, sequence, squash, squeeze, squirrel

Vamos praticar /K/ em frases.

1. Have you seen a khaki kangaroo kayaking a kilometer?
2. Keep the keyboard as a keepsake and kick the ketchup as a kick-start.
3. Was it a car or a cat I saw?
4. Call a cab and pay with candy then give the driver cash.
5. Catch the carrot with a carpet. If you have no clue on how, bow.
6. Acknowledged. Take actions to accomplish.
7. This account is accurate. Wake up the baker and the hiker to play poker.
8. Students scatter at school to play scooter.
9. The basic disc is automatic.
10. This magic is basic logic. Put on music to show the public.
11. Ask a book for an answer and you can wait for the clock to tick.
12. Teach a duck to use the hammock and you can expect to hear it quack.
13. Mosquitoes drink liquid. Quails and ducks walk.
14. Quality or quantity, which did you pick? The sun is more significant than a million stars.

Agora, vamos comparar /G/ e /K/.

gap, cap
gable, cable
glass, class
glean, clean
glue, clue

Agora, veja estes três pares.

Bag, back
plug, pluck
tag, tack

Há duas diferenças.
1. Sonora e surda.
2. Vogal mais curta e mais longa.

/G/ é sonora. Ao pronunciar palavras com /G/, mantenha o som da vogal por mais tempo. Vamos praticar.

clog, clock
bag, back
beg, beck
big, Bick
bug, buck
dog, dock
dug, duck
flag, flack
plug, pluck
rag, rack
stag, stack
tag, tack

Agora, veja estas palavras:
accomplish, account, economy, incorporated,

Nestas palavras, as sílabas com som /K/ são enfatizadas. Elas são pronunciadas com maior intensidade do que o resto das sílabas. Vamos ouví-las novamente.

accomplish, accounT, economy, incorporated,

Nestas palavras, a letra C, /K/ tem o som de /K/.

Agora, veja as seguintes palavras:
ankle, accurate, awaken

Nestas palavras, todavia, as sílabas com som /K/ não são enfatizadas. Outras sílabas são pronunciadas com maior intensidade do que as sílabas com o som /K/.

Vamos escutá-las novamente.
ankle, accurate, awaken

Nestas palavras, mantenha a pressão no som /K/, em seguida libere a pressão e rapidamente uma a próxima parte da palavra. Vamos dar uma olhada na seguinte palavra.

Skip

Fale /SK/ mantendo a pressão em /K/. Fale /S/ e interrompa o som /S/ na letra K, dessa forma: /SK/, /SK/, /SK/. Então, rapidamente uma a letra i. /SKip/, /SKip/, /SKip/.

Agora, o som /K/ em SKip é um som diferente do som /G/. SKip não é SGip. Não há vibração na letra K. Vamos tentar.

baker, diskette, echo, gasket, hiker, hockey, husky, liken, duckling, kickoff, risky, sprinkle, whisker,

Capítulo 29: O Som H, /H/

Vamos escutar o som /H/.

ha, ahead, anthill, handle, happy, harvest, have,
hummingbird

Para pronunciar /H/, aqueça suas mãos. No inverno, quando
nossas mãos estão geladas, assopramos ar quente nelas
para aquecê-las. /H/. É isso.

/H/ é sonoro ou surdo? Coloque uma mão na sua garganta
para ver se consegue sentir alguma vibração. Caso não
sinta vibração, então está fazendo certo.

/H/ é surdo. Vamos praticar /H/:

> ha, hair, hand, hawk, hike, hill, hobby, harmony,
> helpful, hello, hollow, humor, Harry, habit, hammer,
> hidden, hockey, hoist, ahead, behold, behalf,
> behavior, behind, coherent, rehearse, uphill, vehicle

Agora, vamos praticar /H/ em frases.

1. Hello, Harry. What's your hobby?
2. Will you be happy to see humanity living in harmony?
3. Which is more helpful, changing a habit or hiking a mountain?
4. Which is easier, changing a habit or moving a mountain?

Capítulo 30: Os Sons L, /L/ e R, /R/

Vamos primeiro escutar o som L, /L/.

label, landmark, laughter, lily, license, logical, believe, dollar, elongated, fulfill, helpful

Existem dois sons para pronunciar L, /L/ .
1. Quando L, /L/ está o início ou no meio.
2. Quando L, /L/ está no fim.

Primeiro, vamos aprender o som L, /L/ quando o L está no início ou no meio de uma palavra. Toque sua gengiva *e* dentes superiores com sua língua e, após, solte a língua para produzir o som /L/. /L/. Fale Lela. Esta é a posição que nossa língua deve estar.

Vamos praticar L, /L/.

1. Quando L está o início ou no meio.
   lady, lagoon, lamp, landmark, laughter, lead, leave, led, leg, lift, light, lighthouse, lily, license, long, look, lotus, love, alignment, balloon, believe, beloved, below, Billy, challenger, college, color, dollar, elongated, enlarge, hello, hilarious, hollow, pilot, pillow, splendid, voiceless

Quando L está no final de uma palavra, toque sua gengiva *atrás* de seus dentes superiores com a ponta da língua e mantenha essa posição. Mantenha o som de /L/ longo! Vamos tentar o som longo de L agora.
   Well
   Well
   Well
   I feel well.

Você manteve o som de L longo? Vamos fazer novamente.

Well
Well
Well
I feel well.

Agora, vamos pratcar o som /L/ quando L está no final.
Lembre-se, mantenha longo o som /L/ .

call, channel, crawl, facial, feel, focal, formal, fulfill,
full, hall, handful, helpful, howl, identical, jewel, label,
logical, middle, normal, pencil, professional, school,
several, social, squirrel, swivel, symbol, tell, thankful,
tunnel, wall

Agora, vamos comparar os sons *extremamente* similares com e sem L.

A segunda palavra é com o som L.

Boat, Bold
Coat, Colt
Doe, Dole

Escutamos o som /L/ nas segundas palavras? Nas segundas palavras , certifique-se de elevar a língua para que sua ponta toque a gengiva *atrás* dos dentes superiores, e mantenha essa posição. Vamos tentar novamente.

Boat, Bold
Coat, Colt
Doe, Dole
Due, Dual
Echo, Equal
Foe, Foal
Go, Goal
How, Howl
Joe, Joel
Mow, Mole
Row, Roll
Sow, Sole
Woe, Wool

Agora, vamos praticar L, /L/ em frases.

1. Look at the ladies at the lagoon! Give them a pencil and a balloon.
2. This lamp is a landmark.
3. Laugh as light as you can!
4. Lead a horse to water and push its head to drink. No matter how strong we are, it's up to the horse to drink.
5. Is it a lotus or a waterlily? Ask Billy if you're silly.
6. What do you call these creepy-crawlies?
7. Feel the energy and fill the void. Focus on one point.
8. These two squirrels look identical. We should give them a label.
9. A candle is helpful. A lamp is thankful. Look! There are jewels on the table!

Agora, vamos escutar o som R, /R/.

alright, arrive, door, her, more, rather, read, red, real

Para pronunciar /R/, enrole levemente a língua, eleve-a quase tocando o palato, e então descenda-a à medida que empurra o ar para fora para produzir o som. /R/. /R/. /R/.

Vamos praticar R, /R/.
1. Quando R, /R/ está no início de uma palavra.
> Rabbit, racer, radio, raft, rail, railroad, rain, raisin, rare, read, real, receive, red, reference, referral, refund, renew, rental, repeat, return, review, rhythm, rim, risk, roar, roof, roommate, round, run

2. Quando R, /R/ está no meio de uma palavra.
> Approach, area, around, array, arrive, brake, branch, breakfast, breeze, brief, bright, bring, camera, carrot, compress, crack, crawl, cricket, fresh, front, fruit, grade, grasshopper, interesting, praise, produce, product, proof, truck

3. Quando R, /R/ está no final de uma palavra.Quando R, /R/ está no final de uma palavra, acrescente um som "ER".
> Advisor, alligator, before, better, biker, car, cheer, color, dear, finger, hair, harbor, honor, humor, silver, sugar, super, sure, tailor, Voyager, winner, wiper, wonder

Vamos praticar R, /R/ em frases.
1. Is it a rabbit or a racer on the railroad?
2. Who's going to win the race between the turtle and the hare?
3. Traffic is very different than the traffic report.
4. That's because the traffic report you heard wasn't a real-time traffic report. It was yesterday's traffic report.
5. Renew our book rentals repeatedly and return them to receive a review.
6. To get our raffle tickets, raft in the rain while reading a real story.
7. Run our own risk. Roar at the tiger.
8. When approaching an area around a strange neighborhood, be sure to bring a camera and a carrot.
9. Alligators can be our advisor because alligators can use their fingers better.
10. Super! What an honor! Bring some sugar and some humor, and you're a winner.

Agora, vamos comparar os sons L, /L/ e R, /R/.

led, red
lace, race
laser, racer
lane, rain
limb, rim
blink, brink
flesh, fresh
glass, grass
lamp, ramp
light, right
look, rook

Qual a única maneira de pronunciar corretamente?
Praticando! Vamos continuar!

all, or
ball, bar
call, car
deal, dear
eel, ear
feel, fear
hail, hair
heel, hear
label, labor
mall, mar
Neal, near
Paul, pour
shall, share
tall, tore

Capítulo 31: Os Sons M, /M/, N, /N/, e NG, /ŋ/

Vamos escutar o som M, /M/.

Memory, most, mystery, semester, system, team, yam

Para pronunciar /M/, feche seus lábios e deixe o ar sair pelo nariz. /M/. /M/. /M/.

Coloque uma mão na sua garganta. Os sons de All /M/, /N/, e /ŋ/ são sonoros. Sinta a vibração.

Vamos praticar M, /M/:

1. Quando M, /M/ está no início de uma palavra.
   mace, machine, magazine, magic, magnet, magnify, mailbox, mammal, man, many, map, maple, Mars, mastermind, math, maybe, meditate, mentor, Mercury, milk, mirror, mud, muscle, must

2. Quando M, /M/ está no meio de uma palavra.
   Amazing, ambition, amount, amuse, camel, camera, comet, comfortable, amble, emphasize, empty, imbibe, immune, important, improve, optimistic, smart, smile, smooth, summer, tomato

3. Quando M, /M/ está no final de uma palavra.
   Aim, alarm, arm, broom, calcium, charm, claim, confirm, dim, film, gem, inform, rhythm, sum, swim, system, team, term, them, warm, worm

Agora, vamos praticar M, /M/ em frases.

1. Magnify! What's that on the twenty-mile high mountain on Mars? Can you identify?
2. Man! How many maple trees are there on the map? You can do the math.
3. What's on our face, mud or a mustache?
4. Do we make mistakes sometime in life?
5. What a dumb question. If we're a breathing human, we will make mistakes.
6. The camel's back looks comfortable. Especially with the extra humps of muscle.
7. Follow the rhythm, confirm, and watch a film.

Agora, vamos escutar o som N, /N/.

Attend, interesting, native, natural, pan, typhoon, when

Para pronunciar /N/, abra seus lábios, mas eleve sua língua até o palato e, ao mesmo tempo, toque os dentes para selar o fluxo de ar. Embora seus lábos estejam abertos, o ar flui pelo seu nariz. /N/. /N/. /N/.

Vamos praticar N, /N/.
1. Quando N, /N/ está no início de uma palavra.
  Name, nap, narrow, nation, natural, nature, navigate, need, negotiate, nerve, nest, network, news, next, nice, nickel, Nicole, noodle, normal, north, nose, notebook, notice, noun, novel, now, number, nutrition

2. Quando N, /N/ está no meio de uma palavra.
  Ana, ancient, animal, antenna, ants, enclose, end, energy, engineer, enjoy, enormous, enroll, entrance, income, indeed, influence, ingredient, instead, intend, interesting, inventor, once, snack, snow, Tiffany, unit, unite

3. Quando N, /N/ está no final de uma palavra.
  Action, alien, balloon, begin, between, bin, born, brain, can, captain, children, clean, fan, foreign, Ken, lagoon, learn, lion, moon, ocean, often, oven, plane, pumpkin, ripen, soon, spoon, teen, win

Vamos praticar N, /N/ em frases.

1. Take a nap in nature and wake up at night. Eat some noodles then fly a kite.

2. Navigate through the woods to find the bird's nest. Use the North Stars to our best.

3. Ana is the anchor of the Ancient Animal's Channel.

4. Nicole pays with only nickels.

5. Nathan was writing a novel on a notebook when he noticed a fly that landed on his nose.

6. Ants use their antennae to communicate.

7. Engineers enjoy an enormous amount of energy at the entrance.

8. Guess what Ken likes and wants to ride on? A hot air balloon? Noooo. A plane? Noooo. It's a UFO!

9. Children take weird actions when they encounter aliens.

10. If our accent sounds foreign, practice in the ocean.

11. Clean our oven often if we want to take it to the moon.

Agora, vamos nos familiarizar com o som /ŋ/.

Along, anchor, belong, blanket, bring, flamingo, jingle, tango

Para pronunciar /ŋ/, abra seus lábios, mas eleve sua língua até o meio de sua boca sem tocar nada. A boca está aberta sem nada bloquear o fluxo de ar. Todo o ar sai pelo nariz. /ŋ/. /ŋ/. /ŋ/.

Vamos praticar /ŋ/.

1. Quando /ŋ/ está no final de uma palavra. É formado com NG.

> Along, among, belong, boomerang, bring, clang, cling, clung, hang, king, long, lung, mustang, parking, ring, sing, slang, sting, strong, strung, swing, swung, thing, thong, tongue, wing, young

2. Quando /ŋ/ está no meio de uma palavra.

> Belonging, bringing, clinging, hanging, ringing, singing, swinging

3. Quando /ŋ/ está no início de uma palavra.

> Não existe. Se vermos uma palavra que começa com NG, não é inglês.

4. P som /ŋ/ também pode ser pronunciado como /ŋ/ + G, /ŋG/.

> Angle, entangle, finger, hunger, jingle, jungle, linger, longer, mango, rectangle, singer, single, stronger, tango, triangle

5. O som /ŋ/ também pode ser pronunciado como /ŋ/ + K, /ŋK/.

> Anchor, anxious, blanket, crank, drink, frank, handkerchief, ink, junk, monkey, rink, thank, think, uncle

Vamos praticar /ŋ/ em frases.

1. Bring our boomerang along and place it to where it belongs.

2. Drive a Mustang and use slang.

3. If you have wings, sing, think, and swing.

4. Is it a triangle or a rectangle? Why does it look like a flamingo?

5. If you're single, bring a jingle and a mango. Let the singles tango in the jungle.

6. Frank went to the bank with a blanket in his hand.

7. What do you think about this ink? Mix it with our drink. That would be interesting.

Agora, vamos comparar os sons /M/ /N/, e /ŋ .

clan, clam, clang
Dan, dam, dang
din, dim, ding
dun, dumb, dunk
kin, Kim, king
Lynn, limb, ling
ran, ram, rang
run, rum, rung
sin, SIM, sing
sun, sum, sung

Capítulo 32: Os Sons S, /S/ e Z, /Z/

Vamos escutar o som S, /S/.

Construction, glass, description, floss, ice, impetus, inspiration, sage

Para pronunciar /S/, abra ligeiramente seus lábios. Pressione a ponta de sua língua contra os dentes inferiores frontais. O ar sai pela parte média da língua, através das aberturas de nossos dentes. /S/. /S/. /S/.

Coloque uma mão na sua garganta. Consegue sentir alguma vibração?

Certo. /S/ é surda. É apenas ar saindo através dos espaços de nossos dentes. Não há vibração.

O som /S/ pode ser formado pelas letras S e C. Quando a letra C está na frente das vogais E, I e Y, ela é pronunciada como /S/. Vamos tentar algumas palavras.

Celebrate, century, certificate, accelerate

Advice, circle, circus, city, civilization, decide, exercise, face, voice

Bicycle, cylinder, fancy, mercy, recycle

Vamos praticar /S/:

1. Quando S, /S/ está no início de uma palavra.
   Satisfy, save, say, sea, send, service, seventeen, silver, simple, singing, six, skate, skill, sky, so, sofa, some, song, space, spider, spike, spring, stay, step, story, sunny, swab, swan

2. Quando S, /S/ está no meio de uma palavra..

Absorb, acid, Alisa, ascent, ask, asleep, aspire, assign, assist, best, blossom, diskette, dust, essay, essence, grasshopper, guest, husband, insist, inspire, intensity, just, most, music, must, past, post, reset, risk

3. Quando S, /S/ está no final de uma palavra. A letra C é pronunciada como /S/ quando está na frente das letras E, I e Y.

Address, analysis, bonus, boss, brass, bus, chess, class, cross, delicious, dress, eclipse, emphasis, fabulous, famous, floss, ice, impetus, juice, notice, obsess, office, pass, possess, practice, process, promise, serious, success, thesis, voice

Lembra-se das consoantes surdas? Quando a consoante surda está na frente da letra S, então S é pronunciada como /S/. Isso mesmo. Quando as consoantes surdas abaixo

/F/, /K/, /P/, /S/, /T/, /TH/

estão na frente da letra S, esta é pronunciada como /S/. Nas seguintes palavras, a letra S está no final. Todas têm o som /S/.

academics, logistics, systematics, briefs, kickoffs, golfs, banks, checks, parks, ships, beeps, caps, groups, chess, class, success, dusts, guests, posts, sixteenths

Quando a letra S é seguida por outro S, então o duplo S é pronunciado como /S/. Aí estão elas.

Chess, class, glass, success, guess, address, boss, brass, pass, possess, process, hiss, press, miss, Mississippi, express, business

Quando outras consoantes surdas, CH e SH, estão na frente da letra S, esta é pronunciada como Z, /Z/. Isso é porque elas adicionam uma nova sílaba IZ ao som. Vamos escutá-las.

1. approaches, beaches, roaches, brushes, finishes, splashes

Vamos acertar o som Z, /Z/.

citizen, magazine, size, surprise, user, waltz, whizz, zoo

Para pronunciar o som Z, /Z/, abra seus lábios ligeiramente. Pressione a ponta de sua língua contra seus dentes inferiores frontais. O ar sai pela parte média de sua língua através dos espaços de seus dentes. Desta vez, adicione vibração. /Z/, /Z/, /Z/.

Vamos tentar o som Z, /Z/.

1. Quando Z, /Z/ está no início de uma palavra.
zap, zeal, zebra, zucchini, zero, zig, zigzag, zillion, zip, zipper, zither, zombie, zone, zoo, zookeeper, zounds

2. Quando Z, /Z/ está no meio de uma palavra.
amazement, azimuth, azure, bizarre, blizzard, citizen, dazzle, dizzy, enzyme, fuzzy, gazer, gazillion, hazel, lizard, magazine, nozzle, ozone, puzzle, razors, sizable, wizard

3. Quando Z, /Z/ está no final de uma palavra.
amaze, analyze, apologize, braze, breeze, buzz, emphasize, energize, fuzz, harmonize, hertz, internationalize, jazz, localize, maximize, mobilize, normalize, notarize, personalize, prize, quiz

4. A letra S também pode ser pronunciada como Z, /Z/. Eu disse que a letra S também pode ser pronunciada como Z, /Z/? Sim, disse. Vamos escutar.
Because, choose, compose, does, ease, excuse, hers, his, muse, nose, pause, phrase, please, raise, rinse, surprise, use, user, whose

Em algumas palavras, a letra S também pode ser pronunciada como S, /S/ ou Z, /Z/. Vamos dar uma olhada na palavra *excuse* nas duas frases abaixo. Quando a palavra *excuse* é usada como verbo, o S é pronunciado como Z, /Z/. Quando é usada como substantivo, a letra S é pronunciada como S, /S/.

– Excuse me. Where is the gate?
– There is no excuse.

Mais exemplos.
Substantivo – a houSe, verbo – to houZe the new arrivals.
Substantivo – a cloSe, verbo – to cloZe the door.

Vamos praticá-las. A primeira é um substantivo. A segunda é um verbo.

Excuse, Excuse
House, House
Close, Close
Use, Use
Mouse, Mouse
Advice, Advise

Agora, vamos comparar S, /S/ e Z, /Z/.

advice, advise
bounce, bounds
brace, braze
bus, buzz
hiss, his
peace, peas
price, prize
rice, rise
sag, zag
sap, zap
sink, zinc
sip, zip
sounds, zounds
Sue, zoo

Se você está na dúvida se deve ser pronunciada como S, /S/ ou Z, /Z/, pronuncie como um S, /S/. Você vai se safar na maioria das vezes.

Agora, vamos praticar S, /S/ e Z, /Z/ em frases.

1. If you're satisfied, save the file and say good-bye.
2. Sing six songs and sail at sea then look at the sky to see if it's still sunny.
3. Sweep the dust on the glass and set it on the grass. It's a must.
4. Address our ambition before analyzing the bonus to our boss.
5. This practice is fabulous. Drink some juice then play chess on the bus.
6. If the alarm beeps, go straight to the ships.
7. Do zebras eat zucchinis? Absolutely!
8. Zigzag in the zombie zone. Zillion dollars is no use. This is no home.
9. Amazed! Citizens enjoying the blizzard with lizards.
10. If you can, bring a prize.
11. To maximize the prize, internationalize before you energize.
12. She finds her excuse with ease.
13. When the roaches approach the beaches, the feast finishes.

Novamente, se está na dúvida de deveria pronunciar como /S/ ou /Z/, pronuncie como S, /S/.

Capítulo 33: The /Y/ Sound

Vamos escutar o som /Y/.

Year, yes, yesterday, yet, unite, university, use, utility, crayon, onion

Para pronunciar o som /Y/, pressione a ponta da língua contra os dentes inferiores frontais e, então, eleve a parte frontal de sua língua e empurre o ar para fora para produzir o som. /Y/. /Y/. /Y/.

Vamos praticar o som /Y/:

1. O som /Y/ com a letra Y na frente.
   yacht, yam, yard, yaw, year, yellow, yes, yesterday, yet, yield, Yo-yo, yogurt, yoke, young, youth, yummy

2. O som /Y/ com a letra Y no meio.
   beyond, coyote, crayon, kayak, lawyer, layout, loyal, mayo, mayor, payoff, player, Voyager

3. O som /Y/ sem a letra Y.
   amuse, beautiful, billion, computer, continue, contribute, curious, cute, Europe, excuse, fuel, fusion, future, huge, human, humid, January, menu, million, muse, museum, music, onion, pure, trial, unit, unite, university, use, value, view

Agora, vamos praticar /Y/ em frases.

1. Yes, yesterday has gone away and tomorrow has yet to come. Utilize the current moment and use what you've got to play yo-yo.
2. How to make yummy yogurt? Ask Yager.
3. The mayor is loyal to the city. That's the payoff.
4. All football players are required to go to the tryout. They can bring a football or a papaya.
5. That's a cute menu. Did you bring it from Europe?
6. The fuel for the future will be hugely different. Good job, human!
7. This music is unique. Thanks a million.

Capítulo 34: Os Sons /CH/ e /J/

Vamos nos familiarizar com o som /CH/.

achieve, archer, attachment, adventure, amateur, chair, chalk, chamber, digestion

Para pronunciar /CH/, arredonde levemente os lábios, pressione a ponta da língua contra os dentes para selar os espaços e exercer pressão e, então, rapidamente desça a língua para liberar a pressão e produzir o som /CH/. /CH/. /CH/. /CH/.

O /CH/ é sonoro ou surdo? /CH/ é surdo. Vamos praticar /CH/:

1. Quando /CH/ está na frente.
    chain, chair, champion, chancellor, chant, chapter, charcoal, Charlie, chart, chase, chat, check, cheer, cheese, cheetah, cherry, chess, chew, chicken, chief, child, chin, chip, chore, chuck, chuckle, chunk

2. Quando /CH/ está no meio.
    bachelor, benchmark, bleacher, catcher, enrichment, hitchhiker, ketchup, kitchen, luncheon, orchard, puncher, poncho, rancher, Richard, richer

3. Quando /CH/ está no final.
    1. approach, attach, beach, brunch, bunch, catch, challenge, crunch, each, fetch, hatch, hitch, inch, itch, peach, perch, reach, rich, roach, stitch, such, switch, teach, touch, watch, which

4. O som /CH/ formado a partir da letra T.
    adventure, amateur, culture, feature, fixture, future, mature, mixture, moisture, natural, nature, nurture, picture, posture, signature, structure, temperature, texture, combustion, exhaustion, question, suggestion

Agora, vamos praticar /CH/ em frases.

1. The chancellor has changed. Started from the bottom of the food chain, he's now a champion.
2. Charlie was a chess player a year ago. He's now the chair of the chess department.
3. What's the fastest land animal on Earth, a cheetah or a chicken? When gliding from the sky, the cheetah will not fly, but the chicken will survive.
4. Richard got richer by hatching chickens in his orchard.
5. Approach the beach to find Peach is going to be a challenge.
6. Take an adventure of agriculture. If you're an amateur, enjoy the feature. Take a picture.
7. Add some moisture and some temperature to the structure and leave the rest to nature.
8. This is the combustion and this is the exhaustion. Any questions?

Agora, vamos escutar o som /J/.

jacket, Jacob, jewelry, gentleman, genuine, geography, encourage, energy, education

Para pronunciar /J/, arredonde levemente seus lábios, toque seus dentes inferiores com sua língua. Agora, empurre o ar para cima a partir de seu abdome. Adicione vibração. /J/. /J/. /J/.

Vamos praticar o som /J/.

1. O som /J/ da letra J.
   Jack, janitor, January, jar, jasmine, jaw, Jay, jeep, jelly, jet, jigsaw, jingle, join, joke, Joseph, journal, judge, juice, junior, just, adjective, adjust, conjunction, enjoy, major, majority, object, rejoice, subject

2. O som /J/ da letra G.
   gems, general, generate, generation, genius, geometry, gesture, giant, ginger, gym, age, agenda, agent, college, courage, engine, engineer, George, gyroscope, hinge, huge, knowledge, large, logical, manager, marriage, merge, orange, range, region, Virginia, wage

3. O som /J/ das letras DU.
   education, educator, gradual, graduate, graduation, individual, module, nodule, procedure, schedule

Agora, vamos praticar o som /J/ em frases.

1. Jack, the janitor, dropped his jaw when he saw Jasmine sleeping in her jar.
2. Jason and Jasmine enjoy joking about jelly in their jeep while journeying through the jungle.
3. Put the gel and gems together, then eat some ginger.
4. George is a giant. At the age of seven, he's huge in the region.
5. General Page is a genius. He's good at geometry and engineering.
6. Education will pay off. Follow the procedure until we graduate.

Agora, vamos comparar os sons /CH/ e /J/.

chain, Jane
charge, judge
cheep, jeep
cherry, Jerry
chill, Jill
choke, joke
choose, juice
chunk, junk
ranch, range
rich, ridge

Capítulo 35: Os Sons /SH/ e /ZH/

Vamos escutar o som /SH/.

ship, shop, show, nation, option, magician, mission, tissue, immersion,

Para pronunciar /SH/, cerre ligeiramente seus dentes e leve-os para frente. Role sua língua e deixe o ar sair através dela. /SH/. /SH/. /SH/.

/SH/ é sonoro ou surdo?

Coloque uma mão em sua garganta /SH/. Você sente alguma vibração?

Certo. Não há vibração. /SH/ é surdo.

Vamos praticar /SH/:

1. O som /SH/ com SH.
   shadow, shampoo, shape, share, she, sheep, shepherd, shield, shift, shrimp, ash, astonish, brush, finish, fish, flash, flourish, fresh, lavish, marsh, push, vanish, wash

2. O som /SH/ com as letras T e C.
   ambitious, collection, compulsion, emotion, fiction, information, initial, partial, patience, ratio, reaction, section, station, suction, ancient, associate, conscious, delicious, efficient, electrician, financial, gracious, Marcia, musician, ocean, Patricia, social, special

3. O som /SH/ com as letras S e SS.
   dimension, extension, insurance, insure, mansion, Sean, sugar, sure, tension, assure, discussion, emission, impression, issue, permission, pressure

4. O som /SH/ com as letras CH.

brochure, chalet, champagne, chandelier, chaperone, chef, chic, chute, machine, Michelle, mustache, parachute

Agora, vamos praticar /SH/ em frases.

1. Shadow the shepherd to sheer the wool and shield the sheep from wolves.
2. Share the earth with shrimp, fish, sheep, and other animals.
3. Push the bush to finish the show then wash the marsh with ash.
4. Way to go! Our ambition is emotional.
5. This collection of information is ancient. Look at their reaction.
6. The electrician's financial situation is about the same as the magician and the musician. The difference is the musician likes the ocean.
7. What's the dimension of this mansion and the extension? I wonder how they pay for insurance.
8. This is the discussion of the emission. They have my impression and permission.
9. This is a brochure of the machine. You get a free parachute for being a chaperone, Michelle.

Agora, vamos escutar o som /ZH/.

composure, disclosure, camouflage, garage, massage

Para pronunciar o som /ZH/, arredonde seu lábios e leve-os para frente. Enrole sua língua e deixe o ar sair por ela.

/ZH/ tem o som de /SH/, porém o som /ZH/ é sonoro. Coloque uma mão em sua garganta. Sinta a vibração. /ZH/. /ZH/. /ZH/.

O som /ZH/ pode ser formado pelas letras S, Z, e G. Existem apenas algumas palavras em inglês em que a letra Z é pronunciada como /ZH/.

Vamos praticar /ZH/.

1. O som /ZH/ com as letras S e Z.
      azure, closure, enclosure, exposure, leisure,
      measure, pleasure, treasure, aversion, casual,
      conclusion, confusion, decision, delusion, fusion,
      infusion, occasion, persuasion, revision, television,
      transfusion, usual, version, vision, visual

2. O som ZH com a letra G.
      beige, camouflage, collage, corsage, entourage,
      garage, genre, mirage, massage, prestige, regime

Vamos praticar /ZH/ em frases.

1. Measure our pleasure with a ruler. What's the answer?
2. Find our treasure for leisure. Set the right exposure and take some pictures.
3. This casual conclusion is a good decision. If you have confusion, it's a delusion.
4. Highly successful people always have vision, decision, and occasionally confusion. Some of them have a television.
5. This beige cloth can stay camouflaged if it stays locked in our garage.

Ken Xiao

Agora, vamos comparar /SH/ e /ZH/.

assure, azure
fiction, vision
fuchsia, fusion
pressure, pleasure

Capítulo 36: Os Sons TH

Existem dois sons TH diferentes. O som TH sonoro, /TH/, e o som TH surdo, /TH/.

Vamos escutar primeiro o som surdo de TH, /TH/.

faith, health, math, thank, three, author, ether, ethics, birthday

Para pronunciar o som surdo de TH, /TH/, abra ligeiramente sua boca e toque os dentes inferiores frontais com a ponta de sua língua. Enquanto mantém a ponta da língua tocando os dentes inferiores frontais, avance a língua para frente para tocar os dentes superiores frontais. /TH/, /TH/, /TH/.

Vamos repetir. Para pronunciar o som surdo de TH, /TH/, abra ligeiramente sua boca e toque os dentes inferiores frontais com a ponta de sua língua. Enquanto mantém a ponta da língua tocando os dentes inferiores frontais, avance a língua para frente para tocar os dentes superiores frontais. Portanto, a ponta de sua língua está agora tocando seus dentes frontais inferiores, e um pouco acima, a ponta de sua língua está tocando os dentes frontais superiores.

Agora que a ponta de sua língua está tocando seus dentes frontais inferiores, e um pouco acima, a ponta de sua língua está tocando os dentes frontais superiores, empurre o ar para fora e deixe-o sair através de sua língua e dentes.

Em outras palavras, coloque a ponta de sua língua entre seus dentes frontais à medida que produz o som. Vou repetir, para produzir o som surdo TH corretamente, o som /TH/, coloque a ponta de sua língua entre seus dentes frontais à medida que empurra o ar para fora, e deixe-o fluir entre os espaços de seus dentes e sua língua.

Ok. Vamos tentar estas palavras novamente.

faith, health, math, thank, three, author, ether, ethics, birthday

Para pronunciar o som surdo TH, /TH/, onde deveríamos colocar a ponta de nossa língua? Entre nossos dentes frontais! Coloque a ponta de sua língua atrás de seus dentes frontais inferiores e um pouco acima entre seus dentes frontais.

Agora, vamos praticar.

1. O som surdo TH, /TH/, com TH no início.
   thaw, theater, theme, theory, thermal, thesis, thick, thigh, thin, thing, think, third, thirsty, thirteen, thirty, thorough, thought, thousand, thrall, threat, three, threshold, thrifty, thrill, thrive, throat, throng, throughout, throw, thrust, thumb, thunder, Thursday

2. O som surdo TH, /TH/, com TH no meio.
   Anthony, anthem, anthropology, anything, athlete, authority, bathroom, birthday, birthmark, Cathy, earthquake, ether, ethics, everything, faithful, healthy, lengthy, methane, method, monthly, python, something, synthetic, healthy, truthfulness, within, without, and again, birthday

3. O som surdo TH, /TH/, com TH no final.
   bath, birth, cloth, booth, earth, faith, fourth, length, math, month, north, oath, path, sixteenth, Smith, smooth, south, stealth, wealth, with, worth, youth, zenith, warmth

Agora, vamos praticar o som surdo TH, /TH/, em frases.

1. Thaw our frozen food in a thick thermal container for 33 minutes then go the theater in a theme park.
2. If you're the third thirstiest thrower, think three times before writing our thesis.
3. If you have thoroughly thought about thousands of theories, pick one that thrills you this Thursday.
4. Anthony has studied everything about anthropology except for birthday celebrations in the bathroom.
5. Arthur is a thin athlete who's six feet three but only 113 pounds.
6. Cathy tried to scrape her birthmark on her thigh during an earthquake and became faithful on healthy exercises.
7. Wrap a bath cloth for a month after birth then think about its worth.
8. On Earth, whether you want to go south or north, if you have faith, you can celebrate.

Antes de seguirmos para o som sonoro TH, /TH/, vamos comparar o som surdo TH, /TH/, com outros sons similares. O primeiro é o som surdo TH.

thank, sank
thank, tank
thaw, saw
thaw, tall
theme, seam
theme, team
thick, sick
thick, tick
thigh, fi
thigh, sigh
thigh, tie
thin, fin
thin, sin
thin, tin
thing, ding
thing, sing
think, sink
third, cert
third, dirt
thirty, dirty
thorn, torn
thought, fought
thought, sought
thought, taught
thumb, dumb
thumb, sum
thumb, tum

Como aprendemos a dirigir? Dirigindo um carro ou olhando os outros dirigirem um carro? A resposta é óbvia. Apenas dirija o carro.

Agora, como aprendemos a falar corretamente o som surdo TH? Falando /TH/ ou escutando como os outros falam /TH/? A resposta é óbvia. Apenas fale /TH/. Seguem outras palavras com /TH/. Continue falando /TH/.

bath, bass
bath, bat
booth, boos
both, boat
both, Bose
eighth, ate
faith, face
fifth, fif
fifth, fit
fourth, force
Keith, keys
math, mass
math, mat
mouth, mouse
myth, miff
myth, miss
path, pat
Ruth, roof
sixth, six
teeth, teas
tenth, tent
tooth, to
truth, choose
with, whiff
with, whiz
with, wit
worth, worse

Agora, vamos partir para o TH sonoro, o som /TH/. Vamos nos familiarizar com o TH sonoro, o som /TH/.

That, their, those, another, feather, rather.

Para pronunciar o TH sonoro, /TH/, pronuncie o som surdo TH, /TH/ e, então, faça as seguintes duas coisas:
1. Estenda sua língua um pouco mais para fora.
   Estenda um pouco acima da ponta de sua língua.
2. Adicione vibração. /TH/.

Agora, vamos comparar o som surdo TH, /TH/, com o som sonoro TH, /TH/.

/TH/, /TH/
/TH/, /TH/
/TH/, /TH/

1. Vamos praticar o som sonoro TH, /TH/, com TH no início.
   than, that, the, thee, their, theirs, them, there, therefore, these, they, this, those, though, thus

Você escutou a vibração? /TH/? Bom. Precisamos dessa vibração!

2. Vamos praticar o som sonoro TH, /TH/, com TH no meio.
   although, another, breathe, breather, brother, clothe, clothing, dither, either, farther, father, feather, further, gather, Heather, lather, leather, loathing, mother, neither, northern, other, rather, rhythm, seethe, slather, slither, smoother, smoothie, southern, teether, tether, together, weather, whether, wither

Você disse som TH com vibraçãon? /TH/? Bom. Precisamos dessa vibração!

3. Agora, vamos praticar o som sonoro TH, /TH/, com TH no final.
   Não existe. Se uma palavra termina com TH, então o

TH é surdo.

Se estiver na dúvida se o TH em uma palavra é sonoro ou surdo, pronuncie-o como surdo. Você irá se safar na maioria das vezes.

Vamos praticar oTH sonoro, /TH/, em frases.
1. That is their smoothie. Their smoothie is smoother than these.
2. Although they have brought their breather, they were unable to breathe when they walked. Therefore, they slithered.
3. Heather stayed with her father, mother, and brothers for another winter.
4. Gather our clothes, feather, and leather together, let's go farther.

Agora, vamos comparar the TH sonoro, /TH/, com outros sons similares. O primeiro é o TH sonoro.

Than, Dan
Than, tan
Than, fan
that, sat
that, tat
then, zen
then, den
then, ten
they, say
they, day
breathe, breath
clothe, cloth
dither, differ
clothing, closing
lather, latter
loathing, loading

A diferença entre o TH sonoro e o TH surdo é tão pequena que os nativos geralmente pronunciam o TH sonoro como TH surdo na fala casual. Na dúvida se o TH em uma palavra é sonoro ou surdo, prununcie-o como surdo. Você irá se safar em uma conversa casual.

Capítulo 37: As Consoantes de Reversão

Parabéns! Completamos as consoantes simples. Agora, vamos tentar o seguinte:

TCHDSPR.

No aglomerado consonantal acima, há seis consoantes juntas. Como podemos pronunciá-las? Vamos colocá-las em uma frase.

I wa**tched spr**ing thrived.

TCHDSPR. As seis consoantes estão conectadas.

Vamos analisar as seguintes palavras.

latchstring
catchphrase
Archchronicler

Estas palavras têm muitas consoantes seguidas. Como podemos pronunciá-las? Aqui vai como acertar na pronúncia:

Reverta-as!

Começe pelo final.

Vamos analisar latchstring. Aí está como devemos fazer.
- ring
- tring
- string
- chstring
- tchstring
- latchstring

Veja catchphrase.
- rase
- phrase
- chphrase
- tchphrase
- catchphrase

Archchronicler.
- ler
- cler
- nicler
- ronicler
- chronicler
- chchronicler
- archchronicler

A chave é pronunciá-las de trás para frente. Adicione outro som em cada etapa, e continue adicionando. Comece do final. Sinam, comece do final!

Parabéns. Estas são as mais difíceis. Agora, vamos fazer as mais fáceis.

Spring – ring, pring, spring
splash – lash, plash, splash
strong – rong, trong, strong
strive – rive, trive, strive

three – ree, three
through – rou, through
quick – wick, kwick
quest – west, kwest

blend – lend, blend
blue – lue, blue
dream – ream, dream
drink – rink, drink

Agora você tem uma ideia de como fazer. Como pronunciá-las corretamente? Reverta-as!

Capítulo 38: As Consoantes Mudas

Na seção de vogais, aprendemos o som mudo das vogais. Agora vamos ver o som mudo das consoantes.

Quando pronunciamos as seguintes palavras lentamente, elas soam originais.

mountain, mitten, kitten, twenty, often, soften

Todavia, na fala natural, o som T, /T/ no meio dessas palavras é mudo. Vamos pronunciar essas palavras em uma velocidade natural.

mountain, button, mitten, bitten, twenty, seventy, planting, wanted, often, soften

Agora, tente falar as seguintes palavras lentamente.

Exactly, trusts, lists, clothes

Nestas palavras, algumas consoantes são mudas quando falamos lentamente. Em vez de falar exacTly, descarte o T e fale exacly. Em vez de falar lisTs, fale lis's. E veja esta – clothes.

Em vez de falar cloTHez, descarte o TH e fale cloz. Sua pronúncia é "exactly" a mesma que close em close the door.

Mais algumas.

compactly, confidently, contacts, contexts, Exactly, interacts, software, swiftly, texts

asked, masked, risked, tasked, tusked

attends, bonds, commands, Grand Central, Grandma,

kindness, profoundness

relentless, restless

clothes, lengths, months, moths, sloths, eighths, tenths, hundredths

West side, first trip, lost thought, stand still

Nós intencionalmente descartamos algumas consoantes para que nosso inglês soe mais natural. Em vez de falar

– asked,

fale as'ed.

Em vez de falar

– attends,

fale attens.

A boa notícia é que não existem muitas dessas palavras. Memorize as palavras neste capítulo e, como aluno ESL, você saberá mais palavras do que precisa.

Capítulo 39: As Consoantes Omitidas

Parabéns! Terminamos de aprender consoantes. Quando aprendemos os sons de vogais na primeira metade desta lição, você omitiu ou pronunciou erroneamente o som de algumas consoantes.

Sim. Você fez isso!

Vou repetir. Quando aprendemos os sons de vogais na primeira metade desta lição, você omitiu ou pronunciou erroneamente o som de algumas consoantes.

Já passei por isso antes. Eu sei que você fez isso. Eu sei que você omitiu ou pronunciou incorretamente essas consoantes.

A boa notícia é que já aprendemos as consoantes. Retorne à primeira metade do livro e pratique o som das vogais. Desta vez, tente acertar o som das consoantes.

Retorne agora. Volte antes de irmos para o próximo capítulo.

Eu disse para voltar ao início do livro agora?

Acho que disse. Vamos voltar para o início do livro agora. Vamos corrigir aquelas consoantes que foram omitidas ou pronunciadas incorretamente.

Faça tudo de novo e, depois, siga para o próximo capítulo.

Capítulo 40: Ligação

Vamos primeiro analisar as duas frases abaixo. Estas duas frases são as mesmas. No entanto, a primeira é uma maneira não muito boa de falar a frase. A segunda é uma boa maneira de falar a mesma frase.

A maneira não muito boa de falar
   1. Today - is - the - best - time - to - practice - our - English.

A maneira boa de falar
   2. Today **is** the bes**t t**ime to practi**ce our E**nglish.

Qual soa melhor? Certamente a segunda. A segunda soa muito melhor! Esta é a maneira correta de falar inglês. Vamos escutar a segunda novamente.
   2. Today **is** the bes**t t**ime to practi**ce our E**nglish.

Vamos comparar a diferença entre a maneira não muito boa com a maneira boa de falar.
   Today is
   Toda**y is**
   Today is
   Toda**y is**

   Best time
   Bes**t t**ime
   Best time
   Bes**t t**ime

   Practice our
   Practi**ce o**ur
   Practice our
   Practi**ce o**ur

   Our English
   Ou**r E**nglish

Our English
Ou**r E**nglish

A maneira correta de falar inglês é unindo as palavras.

Esta é a palavra ligação. Significa a união de palavras. Quando falamos inglês, unimos as palavras nas frases e orações.

Novamente, quando falamos inglês, unimos as palavras nas frases e orações.

Há quatro maneiras de unir as palavras.

1. Ligação entre consoantes

Vamos analisar as seguintes palavras.

Best time
Just talk
Help people
Top performance

Estas palavras terinam e começam com as mesmas consoantes. Quando falamos inglês, unimos as duas palavras. Como resultado, "best time" se torna "bestime." "Just talk" se torna "justalk." Vamos tentá-las novamente.

Bes**t t**ime
Jus**t t**alk
Hel**p p**eople
To**p p**erformance

Como as unimos? Vamos ver. Em "best time," fazemos o seguinte:
1. Estendemos o som de /S/
2. Descartamos o primeiro T.

Bes*time.
Bes*time.
Bes*time.

Agora, vamos tentar "just talk."
   3. Estenda o som de /S/
   4. Descarte o primeiro T.
Jus*talk.
Jus*talk.
Jus*talk.

Mesma coisa para o "P" em "help people."
Hel*people.
Hel*people.
Hel*people.

Para "top performance," estenda o som de O e descarte o primeiro P.
To*performance.
To*performance.
To*performance.

Agora veja o seguinte.
Good book
Lead team
Five forms
Self-victory
With them
Breathe through

Nestas palavras, as consoantes finais são muito similares às consoantes iniciais, mas não são as mesmas. Vamos analisar a primeira.

Good book
/D/ e /B/ são muito similares. Precisamos fazer duas coisas.
   1. Reduzir o som da primeira palavra "good" e aumentar o som da segunda palavra "book."

Good book
Good book
Good book

2. Divida o som da consoante final da primeira palavra, o som /D/, em duas metades, fale a primeira metade, e descarte a segunda metade. Então, em vez de falar goo/D/, apenas fale goo/D/ descartando a parte final do som /D/. Em outras palavras, não emita o som /D/. Todavia, não é goo book. Precisamos dizer a primeira metade do som /D/. É good book.

Good book
Good book
Good book

Agora, vamos analisar breathe through.
O TH em breathe é sonoro, /TH/, mas o TH em through é surdo, /TH/. Eis o que precisamos fazer:

1. Reduzir o som da primeira palavra "breathe" e aumentar o som da última palavra "through."

Breathe through
Breathe through
Breathe through

2. Divida o som do primeiro TH em duas metades, fale a primeira metade e descarte a segunda metade e, então, una ao som do próximo TH. Em outras palavras, coloque seus dentes e língua na posição correta, não emita o som do primeiro TH, mas emita o som do segundo TH.

Breathe through
Breathe through
Breathe through

Agora que você tem uma ideia, vamos tentar novamente.
Good book
Lead team
Five forms
Self-victory
With them
Breathe through

2. Ligação entre Consoante e Vogal

Vamos um pouco mais além. Veja as seguintes palavras.
Like it
Hold on
Put up
Strong enough

As primeiras palavras podem perfeitamente se unir com as próximas palavras. À medida que se unem, elas formam um novo som.
Like it
Hold on
Put up
Strong enough

Vamos tentar novamente.
Like it
Hold on
Put up
Strong enough

Tente acertá-las. Vamos praticar.
Tell a story. Tell a story.
Have a good day. Have a good day.
Eight o'clock. Eight o'clock.
Wait till eleven. Wait till eleven.

3. ligação entre Vogais

Vamos analisar a frase "he is."
Quando falamos separadamente, fica "he - is."
Quando falamos unindo as palavras, fica "he is."

H**e i**s
H**e i**s

Você escuta um som /Y/ entre he e is?
H**e i**s
H**e i**s

Sim. Há um som /Y/ entre as palavras. Vamos tentar com outras palavras.
Sh**e i**s
Jerr**y u**nderstands
I **a**m
By **a**ir
Th**ey a**sked
St**ay o**n
The b**oy a**pplied
Enj**oy a** vacation

A boa notícia é que o som /Y/ é automaticamente gerado. Vamos tentá-las novamente.
Sh**e i**s
Jerr**y u**nderstands
I **a**m
By **a**ir
Th**ey a**sked
St**ay o**n
The b**oy a**pplied
Enj**oy a** vacation

Certo! O som /Y/ é automaticamente gerado. Isso é porque nossa boca já está na posição correta quando falamos uma palavra que termina com o som final /E/. Palavras com sons finais /E/ são palavras com finais /E/, /I/, /A/, e /OY/.

Vamos praticar mais.
I als**o i**nvited th**e o**ther team.
Thr**ee o**ther teams part**y u**nder th**e u**mbrella.
I **u**nzipped th**e ai**rbag.

Parabéns! Visto que o som /Y/ é automaticamente gerado, precisamos apenas entendê-lo, mais nada.

Agora, vamos entender mais um. Vamos aprender praticando.
>Go on
>Go on

Você escuta um som /W/ entre go e on?
>Go on
>Go on

Sim. Há um um som /W/ entre as palavras. Vamos tentar outras palavras.
>Joe is
>Row 18
>How about
>Allow it
>Who is
>You excel

Mesma coisa! O som /W/ é automaticamente gerado. Isso porque nossa boca já está na posição correta quando falamos uma palavra que termina com um som final /O/, /OO/, e /OW/.

Vamos praticar mais.
>Go on to Avenue A.
>Continue eight more days.
>Who is sitting on Row 18?
>You excel when you apply.

Parabéns! Visto que o som /W/ é automaticamente gerado, precisamos apenas entendê-lo, mais nada.

4. Ligações entre Consoante e Y

4.1. Primeiro, vamos analisar a ligação entre T e Y:

Wha**t y**ou need is practice.
Ac**t y**our part.
Don'**t y**ou like it?
I go**t y**ou.

À medida que T e Y lse unem, elas naturalmente formam um som de CH.

Wha**t y**ou → Wha**ch**oo
Ac**t y**our → Ac**ch**oor
Don'**t y**ou → Don**ch**oo
Go**t y**ou → Got**ch**oo

4.2. Vamos analisar a ligação entre D e Y:

Di**d y**ou see that?
Woul**d y**ou like one?
How di**d y**esterday go?
I plan to atten**d Y**elena's party.

À medida que D e Y se unem, elas naturalmente formam um som de J.

Di**d y**ou → Did**j**a
Woul**d y**ou → Wü**j**oo
Di**d y**esterday → Did**j**esterday
Atten**d Y**elena's → Attend**j**elena's

4.3. Agora a ligação entre S e Y:

That sound**s yummy**.
Si**x y**ears.
Deliciou**s y**ams

Note que "six" é pronunciada como "siks." A última letra tem o som de /S/. Quando /S/ e Y se unem, elas formam um som de SH.

Sound'**s y**ummy → Sound**sh**ummy
Si**x y**ears → Sik**sh**ears
Deliciou**s y**ams → Deliciou**sh**ams

4.4. Agora, a última, a ligação entre Z e Y:

Sei**ze y**our sword.
Reali**ze y**our potential.
Murphy'**s y**ams.

Note que o "S" em "Murphy's" é pronunciado como /Z/.
Quando /Z/ e Y se ligam, elas formam um som de ZH.

Sei**ze y**our sword → Sei**zh**oors sword.
Reali**ze y**our potential → Reali**zh**oors potential.
Murphy'**s y**ams → Murphy**zh**ams.

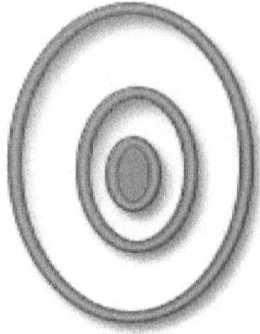

Capítulo 41: À Nossa Jornada!

Parabéns! Aprendemos a pronunciar inglês!

Você gravou as sua falas? Se não gravou, grave. Você ficará orgulhoso de seu progresso! Compare a primeira vez que praticou com a última. Como era a sua pronúncia antes? Como está agora?

Veja isto. Meu nome é Ken Xiao. Eu não falava nada de inglês quando me mudei para a América aos 17 anos de idade, e veja meu inglês agora. Você está escutando a minha voz.

Como eu consegui? Eu até escrevi um livro sobre como consegui. O livro se chama *Talk English*.

Use os passos no Capítulo 2. Pratique novamente e novamente, e terá uma pronúncia do inglês 100% correta!

À nossa jornada,

Ken Xiao

Outros livros de Ken Xiao

www.ingramcontent.com/pod-product-compliance
Lightning Source LLC
Chambersburg PA
CBHW060924040426
42445CB00011B/782